Cottbuser Schriften zu Hochschulpolitik und Hochschulrecht

herausgegeben von

Prof. Dr. Dr. h.c. Lothar Knopp
Wolfgang Schröder

Band 6

Alfred Funk
Prof. Dr. Dr. h.c. Lothar Knopp (Hrsg.)

Novellierung des Brandenburgischen Hochschulgesetzes (BbgHG) – Mehr Autonomie?

Tagungsband zum Symposium vom
17. Februar 2023 in Cottbus

Nomos

Onlineversion
Nomos eLibrary

Die Deutsche Nationalbibliothek verzeichnet diese Publikation in der Deutschen Nationalbibliografie; detaillierte bibliografische Daten sind im Internet über http://dnb.d-nb.de abrufbar.

ISBN 978-3-7560-1037-0 (Print)

ISBN 978-3-7489-4167-5 (ePDF)

1. Auflage 2023

Geleitwort

Der brandenburgische Gesetzgeber beabsichtigt eine „große“ Novellierung des Brandenburgischen Hochschulgesetzes (BbgHG), im Kern mit der Begründung der künftigen „bedeutenden“ gesellschaftlichen und damit auch verbundenen „strukturellen“ Herausforderungen an Wissenschaft und Forschung an den Hochschulen. Explizit und beispielhaft benennt er in diesem Zusammenhang den Strukturwandel, die Klimakrise und zukunftsweisend digitale Innovationen. Des Weiteren sieht er sich (endlich) in der „Pflicht“, die bisherigen hochschulrechtlichen Regelungen, soweit erforderlich, an die Rechtsentwicklung anderer Länder und an Vorgaben der höchstrichterlichen Rechtsprechung anzupassen. Unter dem 09.12.2022 hat der Gesetzgeber einen Referentenentwurf zur Novellierung vorgelegt, der auf dem von der Brandenburgischen Technischen Universität Cottbus-Senftenberg (BTU) am 17.02.2023 in Cottbus veranstalteten Symposium unter der zentralen Fragestellung „Mehr Hochschulautonomie?“ auf dem „Prüfstand“ stand. Die Koalitionäre der jetzigen brandenburgischen Landesregierung (SPD, CDU, Bündnis 90/Die Grünen) haben sich im Hinblick auf die hochschulgesetzliche Novellierung im Koalitionsvertrag vom 19.11.2019 (S. 34) ausdrücklich dazu verpflichtet, in diesem Rahmen das Thema „Hochschulautonomie und Steuerungsinstrumente“ *gemeinsam* mit den Hochschulleitungen weiterzuentwickeln.

Die Ergebnisse des Symposiums zu besagter Fragestellung sind aber eher „ernüchternd“.

Der vorliegende Tagungsband beinhaltet sämtliche Vorträge nebst jeweiliger Präsentation, die Diskussionsbeiträge zu den Vorträgen und Auszüge aus dem Referentenentwurf. Von einem Abdruck der Diskussionsbeiträge der Podiumsdiskussion, welche am Nachmittag des besagten Symposiums stattfand, wurde abgesehen, insbesondere auch um Wiederholungen von Beiträgen zu vermeiden, welche bereits zu den einzelnen Vorträgen erfolgt sind.

Die Veranstalter der BTU (Hochschulleitung und Zentrum für Rechts- und Verwaltungswissenschaften) danken insbesondere Frau Claudia Lorenz vom ZfRV für die hervorragende Organisation und Nachbereitung des Symposiums, des Weiteren der Leiterin des Referats Corporate Identity, Frau Ilka Seer, für die „pressetechnische“ Begleitung, ferner den Mitarbeitern des Multimediazentrums der Universität für die Ermöglichung der technischen Durchführung des Symposiums als „Hybrid"-Veranstaltung sowie Herrn Dietmar Schörnig für die fotographische Dokumentation.

Cottbus im Juli 2023

Alfred Funk
Lothar Knopp
- Herausgeber -

Inhaltsverzeichnis

Die Auswirkungen von mehr Hochschulautonomie auf die Gestaltungsfreiheit und Verantwortung der Hochschulen. Überlegungen aus verfassungsrechtlicher und steuerungswissenschaftlicher Perspektive

Winfried Kluth

I. Autonomie – ein schillernder Begriff

1. Allgemeines Verständnis

Autonomie ist in den Rechts- und Sozialwissenschaften ein bedeutsamer und zugleich schillernder Begriff. Er wird vor allem dazu verwendet, die Beziehungen eines Subjekts zu seiner sozialen Umgebung zu beschreiben.[1] Dabei können über die rechtliche Bedeutung hinausgehend zwei Aspekte unterschieden werden, die terminologisch durch die Begriffe Eigenständigkeit und Unabhängigkeit zum Ausdruck gebracht werden können.

Durch die Eigenständigkeit werden die Fähigkeiten des Subjekts in den Blick genommen, also die intrinsischen Bedingungen des Handelns und Entscheidens.

Die Unabhängigkeit reflektiert die externe Dimension, indem die Fähigkeit zum Handeln und Entscheiden ohne Bindung an verbindliche externe Vorgaben betont wird.

Zusammengebunden stellen beide Aspekte auch die Basis für Resilienz dar, also die Fähigkeit, in einer Krisensituation funktionsfähig zu bleiben und die zugewiesenen Aufgaben zu erfüllen.[2]

---

1 Zu den verschiedenen Verständnissen Stichwort „Autonomie" in: Staatslexikon, 8. Aufl. 2017, Band 1, S. 514 ff.; zur organisationsrechtlichen Sichtweise *Kluth*, Funktionale Selbstverwaltung, 1997, S. 25 f.

2 Exemplarisch insoweit die Definition in Art. 2 der Richtlinie (EU) 2022/2557 des Europäischen Parlaments und des Rates vom 14. Dezember 2022 über die Resilienz kritischer Einrichtungen: „Resilienz", die Fähigkeit einer kritischen Einrichtung, einen Sicherheitsvorfall zu verhindern, sich davor zu schützen, darauf zu reagieren, einen solchen abzuwehren, die Folgen eines solchen Vorfalls zu begrenzen, einen Sicherheitsvorfall aufzufangen, zu bewältigen und sich von einem solchen Vorfall zu erholen.

2. Autonomie in der rechtlichen Umsetzung

Die rechtliche Umsetzung von Autonomie reicht von der Souveränität in Bezug auf Staaten über die Rechtsfähigkeit in der bürgerlichen und verwaltungsrechtlichen Rechtsordnung und manifestiert sich im Verwaltungsorganisationsrecht, insbesondere im Selbstverwaltungsrecht, das zahlreiche Facetten aufweist.[3]

Auf allen Ebenen sind dabei jedoch wichtige „Relativierungen" zu gewärtigen. Für den modernen Staat folgt dies aus seiner Einbindung in die internationale Rechtsordnung und im Falle des Grundgesetzes, mit weitreichenden Konsequenzen gem. Art. 23 GG, aus der Mitgliedschaft in der Europäischen Union.[4] Eine Souveränität im klassischen, unbegrenzten Sinne gibt es trotz des ungebrochenen Bekenntnisses des Völkerrechts zur Staatensouveränität (Art. 2 Nr. 1 UN-Charta) deshalb nicht mehr.

Innerhalb des deutschen Staates folgt aus dem inneren Souveränitätsanspruch[5], dass insbesondere die Selbstverwaltung grundlegenden Vorgaben des Gesetzgebers und einer Staatsaufsicht unterworfen sein muss.[6] Das gilt auch für die Hochschulen.[7]

Vor allem aber folgen Relativierungen aus der jeweils begrenzten Verbandskompetenz sowie den Vorgaben der Finanzverfassung, die nur dem Staat mit dem Steuererfindungsrecht eine weitreichende Gestaltungsfreiheit bei der Erschließung von Finanzquellen eröffnet. Die Selbstverwaltungsträger sind auf staatliche Finanzzuweisungen oder die gesetzliche Ermächtigung der Finanzierung durch Vorzugslasten (Gebühren und Beiträge) angewiesen.[8]

---

3 Das gilt zunächst für die Unterscheidung zwischen kommunaler und funktionaler Selbstverwaltung und sodann für die vielen Varianten der Konkretisierung der funktionalen Selbstverwaltung. Siehe dazu die Typologie bei *Kluth*, Funktionale Selbstverwaltung, 1997, S. 217 ff. Exemplarisch zu den verschiedenen Ausgestaltungsmöglichkeiten *Kluth*, ZRI 2022, 993 ff.

4 Zu den damit verbundenen Folgen siehe *Kluth* (Hrsg.), Europäische Integration und nationales Verfassungsrecht, 2007.

5 Zur inneren Souveränität *Classen*, DÖV 2018, 253 ff.

6 Allgemein für die funktionale Selbstverwaltung BVerfGE 107, 59 (94). Siehe vertiefend *Kluth*, Funktionale Selbstverwaltung, in: Kahl/Ludwigs (Hrsg.), Handbuch des Verwaltungsrechts, Bd. III, 2022, § 65.

7 *Lorenz*, JZ 1981, 113 ff.; *Gärditz*, Hochschulorganisation und verwaltungsrechtliche Systembildung, 2009, S. 274 ff.

8 Zur Bedeutung der „Selbstfinanzierung" für die Selbstverwaltung exemplarisch *Kluth*, ZG 2021, 348 ff.

3. Zwischenergebnis

Als erstes Zwischenergebnis ist die Relativität der Autonomie von öffentlich-rechtlichen Organisationen hervorzuheben, die aus den rechtlichen Rahmenbedingungen einer gewaltenteilenden Rechtsordnung folgt und auch in der DNA aller Selbstverwaltungskörperschaften verankert ist.

Formalrechtlich kommt sie einerseits in der Rechtsfähigkeit und dem Selbstverwaltungsrecht und andererseits in der Gesetzesbindung, der sachlich und räumlich begrenzten Verbandskompetenz und der Staatsaufsicht zum Ausdruck.

Die Reichweite von Autonomie wird durch das Verhältnis dieser normativen Parameter zueinander jeweils spezifisch determiniert.

II. Rechtlicher Ausdruck von Hochschulautonomie

1. Rückblick

Um diese abstrakte Beschreibung in Bezug auf die Hochschulen zu konkretisieren, ist zunächst eine historische Betrachtung im Zeitraffermodus hilfreich, damit der aktuelle Entwicklungsstand besser im Spektrum der Gestaltungsoptionen verortet werden kann.

Gegründet wurden die meisten deutschen Universitäten als Landesuniversitäten[9], bei denen der Landesherr als „Stifter" und (formaler) Rektor fungierte. In der Praxis waren es aber die Mitglieder des Kollegiums, welche die Universität leiteten. Inhaltliche Weisungen des Landesherrn waren gesetzlich nicht ausgeschlossen und betrafen vor allem Vorgaben zu politisch-weltanschaulichen Fragestellungen.[10]

Die Eigenständigkeit der Wissenschaft in diesen Universitäten war weniger formalrechtlich, als vielmehr durch das Ansehen der wissenschaftlichen Methode abgesichert, deren Bedeutung im Zusammenhang mit der Aufklärung an Bedeutung gewann und vor allem die Emanzipation gegenüber den kirchlichen Fürsten beförderte. Das kann insbesondere in Bezug auf die Theologie und die Philosophie nachvollzogen werden.

---

9 In Deutschland gibt es nur wenige durch die Städte gegründete „Bürgeruniversitäten" (etwa in Frankfurt am Main und Köln). Eine kirchliche Trägerschaft hat sich erst nach der Reformation entwickelt.

10 Knapp nachgezeichnet bei *Thieme*, Deutsches Hochschulrecht, 2. Aufl. 1986, S. 22 ff.; *Kahl*, Hochschule und Staat, 2004, S. 5 ff.

Die Abhängigkeit der Universitäten von den finanziellen Zuwendungen des Landesherrn war eine wirkmächtige Realität. Es gab aber auch durchaus eine „Kofinanzierung" durch die Studierenden: Das Kollegien- oder Hörergeld war lange Zeit eine Realität, die bis zum Jahr 1970 existierte und erst dann zur Erleichterung des Hochschulzugangs für alle Bevölkerungsgruppen flächendeckend abgeschafft wurde. Üblich waren umgerechnet ca. 300 € pro Semester, wobei eine Befreiung auf Antrag möglich war.

2. Wissenschaftsfreiheit als sachlicher und verfassungsrechtlicher Kern

Die rechtliche Verankerung der Wissenschaftsfreiheit im Recht zugunsten des einzelnen Hochschullehrers und davon abgeleitet der Universitäten[11] ist das Ergebnis eines langwierigeren Prozesses, der erst im 20. Jahrhundert zu einer Verankerung im Verfassungsrecht geführt hat.[12] Inhaltlich standen die Garantie der Staatsfreiheit von Forschung und Lehre und vor allem die individuelle Wissenschaftsfreiheit im Vordergrund der Aufmerksamkeit, obwohl zu jener Zeit die „Gruppenmacht" in den Wissenschaftsdisziplinen die vielleicht stärkere Bedrohung darstellte. Erst allmählich wurden die Wissenschaftsfreiheit und das Wissenschaftsrecht als Kooperationsverwaltungsrecht verstanden.[13]

3. Die Selbstverwaltungsgarantie als organisationsrechtliches Schutzinstrument

Zur organisatorischen Absicherung der Wissenschaftsfreiheit wurde das Selbstverwaltungsrecht der Universitäten als teilrechtsfähige Körperschaft des öffentlichen Rechts eingeführt und in den Landesverfassungen verankert[14], wobei der Verwaltungsbereich mit dem Kanzler an der Spitze als Teil der Landesverwaltung fortgeführt wurde.[15] Es blieb auch bei den Ingerenzrechten der Ministerialverwaltung im Bereich des Haushaltswesens,

---

11 Dazu grundlegend *Smend*, VVDStRL 4 (1928), 44 (57 ff.).

12 *Fehling*, in: Bonner Kommentar zum Grundgesetz, 110. Lfg. 2004, Art. 5 Abs. 3 (Wissenschaftsfreiheit) Rn. 2 ff.

13 *Trute*, Die Forschung zwischen grundrechtlicher Freiheit und staatlicher Institutionalisierung, 1994.

14 *Kluth*, Funktionale Selbstverwaltung, 1997, S. 517 ff.

15 Dieses „klassische Modell" besteht in Brandenburg bis heute fort: § 5 Abs. 1 S. 1 BbgHG.

des Personalrechts, des Berufungswesens, der Einrichtung von Studiengängen sowie des Prüfungswesens. Alle diese Bereiche wurden weiterhin als übertragene staatliche Aufgaben unter Fachaufsicht ausgewiesen.[16]

4. Die Evolution der thematischen Reichweite des Selbstverwaltungsrechts

Erst unter dem Einfluss des neuen Steuerungsmodells[17] kam es in den einzelnen Bundesländern mit unterschiedlicher Reichweite und Geschwindigkeit zu einer Erstreckung der Selbstverwaltungsgarantie auf weitere Aufgabenbereiche. Hervorzuheben sind das Budgetrecht und das Berufungsrecht, teilweise auch die Liegenschaften. Genehmigungsvorbehalte wurden in Anzeigepflichten umgewandelt, die Fachaufsicht auf eine Rechtsaufsicht reduziert. In einigen Ländern, wie z.B. in Sachsen-Anhalt (§ 54 Abs. 1 HSG LSA), wurden die Hochschulen insgesamt zu rechtsfähigen Körperschaften des öffentlichen Rechts weiterentwickelt.

Als Kehrseite der größeren Eigenständigkeit wurde in den meisten Ländern eine Anpassung der internen Strukturen vorgenommen, die mit einer teilweisen Abkehr von der klassischen Gruppenuniversität mit ihren starken Kollegialorganen verbunden waren und sind. Wesentliche Elemente dieses Prozesses sind die Stärkung der Zuständigkeiten der Rektorate und Präsidien sowie die Einführung von extern besetzten Hochschulräten[18] mit unterschiedlich weitgehenden Vorschlags- und Beschlussrechten.

Die Beziehungen zum Land wurden durch eine neu verzahnte Hochschulentwicklungsplanung und Zielvereinbarungen[19] vordergründig auf eine neue kooperative Ebene angehoben, wobei in der Praxis die Gestaltungsmacht des Landes nach wie vor überwiegt, da die zur Verfügung stehenden Finanzmittel durch die Landtage beschlossen werden und den maßgeblichen Rahmen markieren.

---

16 Diese Unterscheidung spiegelt sich bis heute in den Hochschulgesetzen wider.

17 *Kracht*, Das neue Steuerungsmodell im Hochschulbereich, 2006; *Kahl*, Hochschule und Staat, 2004, S. 92 ff.

18 Dazu kritisch *Gärditz*, Hochschulorganisation und verwaltungsrechtliche Systembildung, 2009, S. 545 ff.; *Wendel*, Der Hochschulrat, 2016.

19 Dazu vertiefend *Kracht*, Das neue Steuerungsmodell im Hochschulbereich, 2006, S. 138 ff.; zu Brandenburg: *Knopp/Tappert*, in: Knopp/Peine/Topel (Hrsg.), Brandenburgisches Hochschulgesetz, Kommentar, 3. Aufl. 2018, § 5 Rn. 40 f.

5. Neuere organisationsrechtliche Entwicklungen

Eine weitere Variante der organisationsrechtlichen Verselbstständigung stellen die in einigen Bundesländern teilweise optional und teilweise originär eingeführten Stiftungsuniversitäten dar.[20] Es handelt sich dabei um eine andere Variante der Herstellung der vollen Rechtsfähigkeit, die nichts daran ändert, dass die Finanzierung ganz überwiegend aus dem Landeshaushalt erfolgt. Es bleibt für den Innenbereich auch bei der körperschaftlichen Struktur, die auf eine öffentlich-rechtliche Stiftung aufgesetzt wird.[21]

Wie unterschiedlich der Zustiftungsaspekt in der Praxis relevant werden kann, zeigt der Vergleich zwischen den beiden Stiftungsuniversitäten Frankfurt am Main und Frankfurt Oder (Viadrina).[22] Während am Main viele Millionen an Zustiftungen zu verzeichnen sind, belaufen sich die Beträge an der Oder auf deutlich übersichtlichere Summen.

6. Zwischenbilanz

Als erste Zwischenbilanz kann festgehalten werden, dass vor allem in den letzten drei Jahrzehnten die rechtliche Eigenständigkeit der Hochschulen in den meisten Bundesländern größer geworden ist. Die maximale rechtliche Eigenständigkeit markieren die rechtsfähige Körperschaft des öffentlichen Rechts einerseits und die Stiftungsuniversität andererseits. Aber auch dort, wo das klassische Zwittermodell von teilrechtsfähiger Körperschaft und Landeseinrichtung fortgeführt wird, sind Erweiterungen bei der Eigenverantwortlichkeit der Aufgabenwahrnehmung zu verzeichnen gewesen.

Parallel zu dieser Entwicklung sind aber auch zwei weitere Prozesse zu beobachten gewesen. Erstens die Stärkung der Rektorate bzw. Präsidien gegenüber den Senaten sowie die Einführung von Hochschulräten als extern besetzte Leitungsorgane. Zweitens die externe Steuerung durch Zielvereinbarungen. In beiden Fällen stand das sog. „Neue Steuerungsmodell" Pate, das an der Governance aus dem Unternehmensbereich orientiert ist. Hier wurden manche übertriebenen Reformen, wie etwa in Baden-Württemberg mit der Übernahme von Organbezeichnungen aus der Unterneh-

20 Dazu im Überblick *Pautsch*, Stiftungshochschulen in Deutschland, 2008; *Krausnick*, Staat und Hochschule im Gewährleistungsstaat, 2012, S. 360 ff.

21 Exemplarisch *Kluth*, in: Knopp/Peine/Topel (Hrsg.), Brandenburgisches Hochschulgesetz, 3. Aufl. 2018, § 1 StiftG-EUV Rn. 6 ff.

22 Zu Letzterer *Kluth*, in: Knopp/Peine/Topel (Hrsg.), Brandenburgisches Hochschulgesetz, 3. Aufl. 2018, S. 1203 ff.

menswelt, inzwischen korrigiert und auch die Rechtsprechung des Bundesverfassungsgerichts hat dieser Entwicklung Grenzen gesetzt, die allerdings weniger strikt verlaufen, als es manche Grundsatzkritik erhofft hatte.

III. Folgen für die Gestaltungsfreiheit(en)

1. Finanzierungsfragen als Achillesferse der Selbstverwaltung

Die beschriebene Geschichte der Stärkung des Selbstverwaltungsrechts indiziert prima facie auch eine Vermehrung der Gestaltungsfreiheit von Hochschulen. Allerdings stellt auch bei den Hochschulen wie im Bereich der kommunalen Selbstverwaltung die Finanzierung die Achillesferse dar.

Das Verhältnis von Selbstverwaltung und Selbstfinanzierung ist komplex und kompliziert, auch weil es insoweit kein einheitliches Muster gibt. Es reicht von einer echten und umfassenden Selbstfinanzierung bei den Wirtschafts- und Berufskammern über eine verfassungsrechtlich gebotene Selbstfinanzierung bei den öffentlich-rechtlichen Rundfunkanstalten, über eine verfassungsrechtlich eng angeleitete Fremd- und Eigenfinanzierung im Falle der Kommunen, bis hin zu der verfassungsrechtlich nur schwach angeleiteten Fremdfinanzierung der Hochschulen. Schon an der Reihenfolge wird deutlich, dass die Hochschulen am stärksten von staatlichen Zuweisungen abhängig sind.

Dass das kein zwingendes Modell ist, zeigen die privaten Hochschulen im In- und Ausland, die sich durch Studienbeiträge, echte Stiftungen und Sponsoren finanzieren.[23]

2. Differenzierung nach Aufgabenbereichen

Für die staatlichen Hochschulen in Deutschland bedeuten Rechtsfähigkeit und Selbstverwaltungsrecht keineswegs, dass sie in allen Aufgabenbereichen über eine weitreichende Entscheidungsfreiheit verfügen. Auch hier bedarf es einer differenzierenden Betrachtung.

Den allgemeinen Rahmen für die Hochschulautonomie steckt innerhalb des beschriebenen Rechtsrahmens inhaltlich die auf Landesebene vorzunehmende Hochschulstrukturplanung bzw. Hochschulentwicklungs-

23 Die Wissenschaftsadäquanz der Finanzierung wird im Verfahren der staatlichen Anerkennung durch eine Akkreditierung durch den Wissenschaftsrat überprüft.

planung ab.[24] Sie wird durch das zuständige Ministerium in Zusammenarbeit mit den Hochschulen erstellt und regelmäßig fortgeschrieben und ist *das* Instrument, um thematische Schwerpunkte zu setzen und ein fachlich ausreichendes und ausgewogenes Angebot von Lehre, Forschung und anderen Dienstleistungen (des Wissenstransfers) sicherzustellen. Es geht also mit Blick auf das Land um die Abstimmung der Profilbildung und um Schwerpunktsetzungen in der Forschung.

Auf dieser Grundlage und in diesem Rahmen ist es Aufgabe der einzelnen Hochschule, eine eigene Hochschulstruktur- und -entwicklungsplanung vorzunehmen und mit dem Ministerium abzustimmen.

Auf der Grundlage beider Planungen werden sodann die Zielvereinbarungen abgeschlossen[25], die in der Regel für eine mehrjährige Laufzeit – in der Regel sollen es in Sachsen-Anhalt fünf Jahre sein – den Finanzierungsrahmen für die einzelnen Hochschulen konkretisieren.

In der Sache nimmt das Land durch die Hochschulstrukturplanung und den Abschluss der Zielvereinbarungen seine Gewährleistungsverantwortung[26] hinsichtlich der Ermöglichung von Ausbildung und Forschung wahr. Das Land etabliert für die einzelnen Hochschulen gewissermaßen Betätigungskorridore, die als „Aufträge" eine Verantwortung der einzelnen Hochschulen begründen, ohne dass sie vor allem im Rahmen der Forschung eine strikte Grenze markieren. Allerdings darf eine Forschung außerhalb der Korridore nicht dazu führen, dass die Aufträge vernachlässigt werden.

Was zunächst hochabstrakt klingt, kann *in concreto* sehr wohl mit greifbaren Vorgaben und Folgen verbunden sein, wenn es etwa darum geht, die knappen Ressourcen innerhalb der Hochschulen verschiedenen Fächern zuzuordnen, indem Professuren thematisch neu ausgerichtet werden (Umdenominationen). Das geht nur, wenn die Vorgaben der Strukturplanung weiterhin erfüllt werden können.

Innerhalb der Hochschulen ist der Gestaltungsspielraum zwischen den Fakultäten als dezentraler Ebene und der Zentralebene verteilt, wobei wiederum die Grobstrukturen zentral und die Feinsteuerung dezentral erfolgen.

Zu beachten ist dabei, dass die ursprüngliche Idee, dass Fakultäten mit Fächern bzw. wissenschaftlichen Disziplinen identisch sind, schon lange

---

24 § 3 Abs. 2 BbgHG; § 5 HSG LSA.
25 Zu Einzelfragen der hochschulinternen Mitwirkung *Frach/Krämer*, LKV 2015, 481 ff.
26 Dazu grundlegend *Krausnick*, Staat und Hochschule im Gewährleistungsstaat, 2012.

nicht mehr zutrifft, weshalb nicht selten auch innerhalb der Fakultäten eine Verständigung zwischen verschiedenen Fächern und ihren Anliegen zu erfolgen hat.

3. Entscheidungslogik der Selbstverwaltung

Sowohl auf der Ebene der Fakultäten als auch der Zentralebene stehen die Hochschulen vor einer besonderen Herausforderung hinsichtlich ihrer Entscheidungslogik als Gruppenuniversität. Die heterogene Zusammensetzung nach Fächern einerseits und nach Mitgliedergruppen andererseits erschwert Strukturentscheidungen erheblich, weil Mehrheiten nur auf der Grundlage von komplexen Bündnissen und Abreden gefunden werden können. Es wird deshalb auch von der Reformunfähigkeit von Kollegialorganen gesprochen.

Vor diesem Hintergrund wurden bei der Umsetzung des Neuen Steuerungsmodells die Entscheidungszuständigkeiten der Rektorate bzw. Präsidien in einigen Hochschulgesetzen gestärkt und auch die Zielvereinbarungen werden teilweise eingesetzt, um Reformen und Neuausrichtungen von außen zu erzwingen. Das Bundesverfassungsgericht hat dies nicht grundsätzlich verworfen, sondern nur für wissenschaftsbezogene Entscheidungen eine starke Stellung der Kollegialorgane gefordert.

Die Neuausrichtung oder Profilschärfung von Hochschulen ist in der Praxis vor allem eine Frage kluger Entscheidungsvorbereitung durch die Leitungsebene und in der Sache eine hochschulpolitische Angelegenheit, die rechtlich nur schwach gerahmt wird, solange sich der Prozess innerhalb der Vorgaben der Hochschulstrukturplanung bewegt. Das war im alten System nicht anders, nur mit dem Unterschied, dass es früher mehr auf die Verständigung mit dem Ministerium und heute mehr auf die letztlich anspruchsvollere Verständigung innerhalb der Hochschulen entscheidend ankommt.

Vor dem Hintergrund der nicht geringen Hürden für Reformen wird in der Praxis häufig durch die Hochschulplanung eher der Status quo, wie er sich über Jahre hinweg entwickelt hat, festgeschrieben und weniger eine Profilierung und Restrukturierung betrieben. Das Traditionsargument spielt nicht selten eine (zu) große Rolle.

IV. Der Sinn und Zweck von Hochschulen als Kriterium für die Ausgestaltung von Hochschulautonomie

1. Ableitungen aus dem Verfassungsrecht

Für die Ausrichtung von Reformprozessen ist es wichtig, sich erneut auf den Sinn und Zweck von Hochschulen zu besinnen, der durch den Verweis auf die Wissenschaftsfreiheit nur rudimentär beschrieben wird. Vielmehr müssen neben dem Bildungs- und Forschungsauftrag auch die Bedarfe des Arbeitsmarktes sowie die Bedeutung des Wissenstransfers für die Bewältigung von Herausforderungen in Wirtschaft und Gesellschaft mitgedacht werden.

Während die meisten Landesverfassungen diesen Aspekt nicht ausdrücklich ansprechen, und sich auf die Garantie von Wissenschaftsfreiheit und Selbstverwaltungsrecht beschränken, findet sich in Art. 31 Abs. 1 LSA Verf immerhin ein knapper Hinweis auf eine weit zu verstehende Gewährleistungsverantwortung, indem es dort heißt:

> „Hochschulen und andere wissenschaftliche Einrichtungen sind vom Land in ausreichendem Maße einzurichten, zu unterhalten und zu fördern."

Aufgrund der systematischen Stellung handelt es sich um eine Einrichtungsgarantie, wonach nach der Legaldefinition der Landesverfassung das Land verpflichtet ist, den Bestand und die Entwicklung der Einrichtungen zu gewährleisten (Art. 3 Abs. 2 LSA Verf). Ein Anspruch auf eine Finanzierung in einer bestimmten Höhe lässt sich daraus jedoch nicht ableiten. Entscheidend ist deshalb, wie die Vorgabe „in ausreichendem Maße" zu verstehen ist. Meines Erachtens bezieht sie sich grundsätzlich auf alle Aufgaben der Hochschulen, wobei den berufsbezogenen Ausbildungskapazitäten ein gewisser Vorrang zukommt, und zwar aus zwei Gründen: Erstens mit Blick auf den Grundrechtsgebrauch der Studierenden bzw. Studienbewerber (das spiegelt sich auch in der NC-Rechtsprechung wider) und zweitens mit Blick auf den Bedarf des Arbeitsmarktes. Hier ist es Aufgabe des Landes, die Studienangebote laufend zu prüfen, um sie am absehbaren Bedarf zu messen.

§ 3 Abs. 1 BbgHG bringt die Aufgabe der Hochschulen in ihrer ganzen Breite folgendermaßen zum Ausdruck:

> „(1) [1]Die Hochschulen dienen der Pflege und Entwicklung der Wissenschaften und Künste durch Lehre, Forschung, Studium und Weiterbil-

> dung. [2]Sie bereiten auf berufliche Tätigkeiten einschließlich unternehmerischer Selbstständigkeit vor, die die Anwendung wissenschaftlicher Erkenntnisse und wissenschaftlicher Methoden oder die Fähigkeit zu künstlerischer Gestaltung erfordern. [3]Sie betreiben Wissens- und Technologietransfer zur Umsetzung und Nutzung ihrer Forschungs- und Entwicklungsergebnisse in der Praxis und wirken untereinander und mit anderen Wissenschaftseinrichtungen sowie der Wirtschaft zusammen. [4]Die Fachhochschulen erfüllen ihre Aufgaben nach den Sätzen 1 und 2 insbesondere durch anwendungsbezogene Lehre und entsprechende Forschung."

Um die Leistungsfähigkeit von Hochschulen zu messen, ist es vor diesem Hintergrund angebracht, die Leistungen in allen diesen Bereichen zu erfassen und zu bewerten, und zwar für alle Bereiche. Dabei sollte in Bezug auf den Wissenstransfer nicht nur auf die technischen Fächer geschaut werden.

2. Ebene der politischen Leitentscheidungen

Nicht ohne Grund wird die Gewährleistungsverantwortung dem Land zugewiesen. Das Land ist in der Pflicht, durch politische Leitentscheidungen in Umsetzung über die Hochschulentwicklungsplanung sowohl die Ausbildungskapazitäten als auch die Schwerpunkte der Forschung und des daran anknüpfenden Wissenstransfers im Dialog mit den Hochschulen zu steuern.

Die Wissenschaftsfreiheit steht solchen strategischen Vorgaben nicht entgegen. Sie greift erst dort, wo entsprechende Strukturen durch das Land geschaffen wurden.

In Sachsen-Anhalt hat der Gesetzgeber die gesellschaftsbezogene Verantwortung der Hochschulen inzwischen sehr deutlich formuliert:

> „Die Hochschulen leisten ihren Beitrag zu einer nachhaltigen, friedlichen und demokratischen Welt. Sie setzen sich mit den möglichen Folgen einer Verbreitung und Nutzung ihrer Forschungsergebnisse auseinander."

Diese Vorgabe hätte man noch vor einigen Jahren als Ansammlung von politischen Sprechblasen abtun können. Inzwischen lassen sich daraus, vor allem aus der Verpflichtung zur Nachhaltigkeit, sehr greifbare Vorgaben für Forschungs- und Lehrdesigns ableiten und die Folgenverantwortung ist auch institutionell durch die Einrichtung von Kommissionen für ethische Fragen der Wissenschaft konkretisiert worden.

V. Folgen für die Verantwortung

1. Begriffsklärungen

An diese Ausführungen können die Überlegungen zu den Folgen von größerer Eigenständigkeit für die Verantwortung der Hochschulen anknüpfen. Dabei geht es nicht in erster Linie darum, dass eine Erweiterung der rechtlichen Selbstständigkeit automatisch auch die Verantwortung erweitert. Das ist rechtlich und ethisch eine Selbstverständlichkeit.

Es geht vielmehr um die Frage, wie es um die gesellschaftsbezogene Verantwortung der Hochschulen bestellt ist, die diese zunächst gegenüber ihren Mitgliedern und sodann gegenüber Wirtschaft und Gesellschaft insgesamt tragen.

2. Geringe Ausprägung einer politischen Verantwortung von Hochschulen

Schaut man sich diesbezüglich die rechtlichen Grundstrukturen und die öffentlichen Debatten an, so ist festzustellen, dass an den Hochschulen die zentralen und dezentralen Leitungen in der Regel nur bei schweren rechtsformalen Verstößen zur Verantwortung gezogen werden. Schlechte Leistungen in Forschung und Lehre werden de facto nicht sanktioniert. Man freut sich über Erfolge und gute Ranking-Werte, aber umgekehrt fehlt es an praktisch wirksamen Reaktionen. Daran haben auch leistungsbezogene Elemente der Besoldung nicht viel geändert.

Das hat auch damit zu tun, dass unter Berufung auf die Wissenschaftsfreiheit steuernde Eingriffe weitgehend vermieden werden. Es bleibt deshalb als Steuerungsmechanismus das Vertrauen auf das Eigeninteresse an öffentlicher Reputation der einzelnen Mitglieder sowie der Fakultäten und Hochschulen insgesamt.

Das Eigeninteresse der einzelnen Wissenschaftlerinnen und Wissenschaftler ist nicht immer auf das ganze Aufgabenspektrum bezogen, dem die Hochschulen verpflichtet sind. Es kann einseitig auf einen der Teilaspekte fokussiert sein. Wir alle kennen die Forscherin oder den Forscher, der Mitarbeitende und Studierende den eigenen Interessen unterordnet, die Beraterin oder den Berater, die/der mehr Zeit in Gremien als an der

Universität verbringt usw. Oft gleicht sich das aus, aber es bedarf auch hier eines wachsamen Blicks auf das Ganze.

Vor dem Hintergrund der erheblichen Bedeutung, die der Qualität und Nachhaltigkeit des Arbeitens von Hochschulen sowohl für die Studierenden als auch für Gesellschaft und Wirtschaft zukommt, erscheint dies unzureichend. Man sollte deshalb über zusätzliche Instrumente nachdenken, die Anreize für eine gestärkte Verantwortlichkeit schaffen. Vorstellbar wäre z.B. ein jährlicher Rechenschaftsbericht der Fakultäten gegenüber dem Senat oder auch der Öffentlichkeit unter Berücksichtigung der einzelnen Aufgabenfelder. So würde Transparenz geschaffen und die Selbstreflexion gefördert.

3. Differenzierte finanzielle Anreize als Instrument einer stärkeren leistungsbezogenen Verantwortung

Einen weitergehenden Schritt würde ein neues Finanzierungsmodell darstellen, das vom Centrum für Hochschulentwicklung (CHE) vor vielen Jahren bereits vorgeschlagen wurde[27] und bei dem jedem, der studieren will, ein Budget zugeordnet wird, das er an einer Uni seiner Wahl einsetzen kann. Sieht man von den kompetenzrechtlichen Aspekten einmal ab, wäre dies ein guter Weg, um einen starken Anreiz für einen qualitätsorientierten Wettbewerb zwischen den Hochschulen zu schaffen, wobei sich das Budget nur auf einen Teil der Kosten beziehen würde und die Vorhaltekosten weiter durch die Länder zu erbringen wären.

V. Zusammenfassung

Die Überlegungen sollten gezeigt haben, dass die Reichweite der rechtlichen Selbstständigkeit von Hochschulen in den letzten Jahren gewachsen ist, dass die Verantwortung aber weiterhin zwischen Land und Hochschulen geteilt ist und den Ländern aufgrund der Gewährleistungsverantwortung nach wie vor eine zentrale Steuerungsfunktion zukommt. Das muss auch so sein, weil nur so mit einem Blick auf das Land insgesamt die den Hochschulen zugewiesenen Aufgaben angemessen erfüllt werden können.

Kritisch anzumerken ist, dass nach meiner Einschätzung die Instrumente der Verantwortungswahrnehmung durch die Hochschulen bislang deutlich

---

27 *Müller/von Stuckrad*, Bundesstudienförderung, CHE Arbeitspapier Nr. 169, 2013.

hinter der Bedeutung der zugewiesenen Aufgaben zurückbleiben. Deshalb scheint es mir ratsam, dass diesbezüglich über neue Formate wie etwa Berichtspflichten nachgedacht wird, auch um das Bewusstsein für diese Verantwortung zu stärken.

Diskussion

***Frage** (Dr. Wetzk, Dekanat der Fakultät 6, BTU Cottbus–Senftenberg):*
Ich habe das jetzt so verstanden, dass wir in Brandenburg doch eher ein sehr rigides Hochschulgesetz haben oder eine deutlichere Abhängigkeit als dies in anderen Bundesländern der Fall ist. Welche Empfehlungen würden Sie uns denn für die Novellierung des Hochschulgesetzes mitgeben?

***Antwort** (Prof. Kluth):*
Brandenburg hat kein rückständiges, sondern eher ein klassisches Hochschulgesetz. Die Frage ist, ob Rigidität der richtige Ausdruck ist. Mein persönlicher Eindruck ist, dass diese formalen Verschiebungen, wie wir sie z.B. in Sachsen-Anhalt seit einigen Jahren haben, grundlegend nicht so viel verändern. Wenn man hinter die Kulissen schaut, ist das Treffen von Entscheidungen durch das Ministerium nicht immer als negativ anzusehen, gerade wenn man inneruniversitär nicht weiterkommt und es Widerstände gibt. Früher hat man, wenn die Entscheidungsgewalt beim Ministerium lag und es inneruniversitäre Konflikte zu lösen galt, einen Anruf beim Ministerium getätigt. Das neue Modell bietet zwar eine größere Entscheidungs- und Gestaltungsfreiheit, aber auch mehr Verantwortung, was man aber letztlich auch wollen und ausfüllen muss. Sie brauchen einen anderen Typus von Hochschulleitung und Hochschulpolitikern, die damit umgehen können.
Ein weiterer Punkt, den nicht alle Länder haben, ist die Frage, ob sie auch die Liegenschaften in eigener Verantwortung verwalten. Auch hier gibt es – je nach Ausgangslage – Vorteile und Nachteile. Sie brauchen, wenn Sie dafür zuständig sind, entsprechend mehr (Fach-)Personal, denn diese Aufgabengebiete müssten durch die Universität mit abgedeckt werden.
D.h., dass die Schritte, die jetzt eingeführt werden (z.B. zum Berufungsrecht), Abläufe beschleunigen und Abhängigkeiten vermindern können. Dies ist insofern positiv zu bewerten, aber Sie müssen sich dann universitätsintern entsprechend aufstellen und Konflikte hausintern lösen, da diese nicht mehr im Zuständigkeitsbereich des Ministeriums liegen.

***Frage** (Dr. Switalski, Gesangs- und Instrumentalpädagogik, BTU Cottbus–Senftenberg):*
Sie haben drei Sachen gesagt, die insbesondere für Hochschulen wichtig sind: Wissenstransfer, Ausbildung und Forschung. Es geht mir darum, dass wir als Universitäten um die Fachkräfte kämpfen müssen. Sie haben gesagt, dass die Universitäten zurzeit viele Freiheiten haben, um die Zukunft der

Einrichtungen zu gestalten. Aber dennoch sind Universitäten begrenzt, z.B. von TdL-Richtlinien. Es geht mir um die Eingruppierung und Arbeitsmotivation der Mitarbeiter/innen. Motivierte Mitarbeiter/innen, z.B. im Bereich der Musik, werden an der Universität wie Grundschullehrer/innen in öffentlichen Schulen eingestellt. Ich verstehe nicht, warum die Eingruppierungen für Musiklehrer/innen bzw. Musikdozent/innen mittlerweile so begrenzt sind, z.B. durch das Ministerium. Das ist unverständlich, denn, wie Sie gesagt haben, sind Professor/innen nicht für die wirtschaftliche, sondern für die gesellschaftliche (Sozial-)Entwicklung zuständig. Wenn wir solche Gebiete wie Kunst, Literatur und Musik vergessen und diese Berufe erniedrigen, dann sehen wir schon jetzt die Auswirkungen dieser Politik.

***Antwort** (Prof. Kluth):*
Bei der Gestaltung von Tarifverträgen und dem Wettbewerb um die besten wissenschaftlichen Fachkräfte handelt es sich um ein anderes Subsystem. An Universitäten besteht diese Lage, weil die Abwerbung von Absolventinnen und Absolventen durch die Wirtschaft, aber auch durch die Ministerien, Gerichte etc. bei uns „schärfer" geworden ist und darauf müssen wir reagieren. Jedoch sind wir durch das Tarifsystem gebunden. Es ist eine Sache der Länder, eine Öffnung zu ermöglichen, da wir an die Gesetze gebunden sind und somit auch an das Tarifvertragsrecht. Es handelt sich hierbei um einen politischen Prozess. Vielleicht ist dies auch eine Thematik zum Thema „Gute Arbeit". Auch ich betrachte es als Herausforderung. An unserem Universitätsstandort ist z.B. *Dell* mit einer großen Niederlassung vor Ort und wirbt unsere IT-Mitarbeiter/innen bzw. Absolvent/innen ab.

***Frage** (Prof. Knopp):*
Sie haben das Thema „Anzeigepflicht" bzw. „Anzeige von Studiengängen" angesprochen. Reine Anzeigepflichten sind im Brandenburgischen Hochschulgesetz noch relativ rar. Bei uns geht es in Kontrollmechanismen hinein und da sprechen wir dann direkt über die Genehmigungspflichten. Von Ihren Erfahrungen her: Wie muss man dies betrachten? Auch wenn Sie sagen, dass sich am Gesamtsystem nicht viel geändert hat, aber speziell auf die vereinfachte Form der Einführung von Studiengängen innerhalb der Hochschule bezogen: Hat sich das bewährt? Würden Sie sagen, dass dies bei Ihnen klappt?

***Antwort** (Prof. Kluth):*
Dies muss wie folgt betrachtet werden: Wenn ich eine Anzeigepflicht habe, gebe ich auch ohne Genehmigungspflicht den Entwurf an das Ministerium weiter und bekomme eine informelle Rückmeldung, damit hinterher

keine Rechtsaufsichtsmaßnahme auf die Universität zukommt. D.h. also in der Praxis – und das ist im Kommunalrecht nicht anders – dass die Abläufe gleichgeblieben sind. Vor der Änderung war es auch schon so, dass wir die Entwürfe informell schon einmal vor der Genehmigung an das Ministerium gegeben haben. Das ist also nicht so entscheidend. Der einzige Punkt, der zu beachten ist – was ich bewusst allgemeiner ausführe – wäre, dass die Anzeigepflicht durch eine Genehmigungsfiktion unterstützt werden muss, also einer festen Frist, die mir ermöglicht, den Vorgang voranzutreiben, wenn bis dahin z.B. vom Ministerium keine Rückmeldung erfolgt ist. Anzeigepflichten sind immer auch mit Wartepflichten verknüpft, damit seitens des Ministeriums oder der Behörden geprüft werden kann, ob eine Rechtsaufsichtsmaßnahme zu erfolgen hat. Durch die Fristsetzung ist bei der Anzeigepflicht eine Beschleunigung der Abläufe des Verfahrens möglich, da nicht ewig auf Genehmigungen gewartet werden muss.

***Frage** (Prof. Döring, Systemtechnik, BTU Cottbus-Senftenberg):*
Wie sehen Sie die Funktionalität anwendungsbezogener Professor/innen im Nukleus einer Universität, vor allem dann, wenn diese FH-Professor/innen in universitären Studiengängen als Lehrende mit (eingeschränkten akademischen Rechten) eingesetzt werden?

***Antwort** (Prof. Kluth):*
Ich bin für das klassische Modell, dass wir an den Universitäten keine „Binnendifferenzierung“ vornehmen. Auch das Thema „Lehrprofessur“ sehe ich durchaus kritisch. Die Debatte, z.B. den Akademischen Rat auf Lebenszeit einzuführen, das sind häufig Versorgungslösungen für Personen, die es nicht ganz an „die Spitze“ geschafft haben. Wir haben hier meiner Meinung nach gegenläufige Prozesse: Zum einen soll Sicherheit für den wissenschaftlichen Nachwuchs geschaffen werden und zum anderen – das ist auch ein Grundsatzkonflikt – sind zu viele Lebenszeitstellen im Mittelbau wiederum für die Qualifizierung ein Problem. Deswegen bin ich in dem Bereich eher auf der traditionellen Seite, dass wir doch überwiegend mit Befristungen arbeiten sollten und nicht auch noch eine Statusabgrenzung bei den Professor/innen herbeiführen. Hier bin ich eher konservativ eingestellt.

***Frage** (Frau Damus, Mitglied des Landtags Brandenburg, B90/Grüne):*
Zum Spannungsfeld von Hochschulautonomie und den Aufgaben von Parlamenten/des Staates allgemein habe ich noch eine Frage: Wir reden hier größtenteils immer von den Aufgaben und den Freiheiten der Hochschulen

und ich frage mich, welche Aufgaben aus Ihrer Sicht z.B. die Parlamente oder der Wissenschaftsausschuss zu beachten haben. Daraus ergibt sich dann auch genau das Spannungsfeld und die Diskussion zur tatsächlichen Möglichkeit von Hochschulautonomie. Zu den drei Punkten, die Sie bereits genannt hatten: Studienplätze (d.h. Nachfrage Wirtschaft/Staat/Gesellschaft), Forschungsbedarf sowie Transferbedarf. Wissenschaftsfreiheit im Bereich der Forschung muss natürlich immer ganz klar Vorrang haben. Mich interessieren hierzu die weichen Zwischentöne zu den ganzen anderen Aufgaben, die Hochschulen ebenfalls haben. Auch in der Novelle werden Themen wie z.B. Nachhaltigkeit, Gleichstellung und soziale Durchlässigkeit aufgegriffen. Man kann hier nicht von einem klassischen Auftrag für Hochschulen sprechen, sondern es wäre neben der Schaffung eines Studienplatzes zu überlegen, wie diese Studienplätze und der Zugang zum Studium usw. ausgestaltet sind, damit es u.a. sozial durchlässig ist etc. Wie bewerten Sie diese „weichen Aufgaben" der Hochschulen, was unserem Steuerungsauftrag entspricht?

***Antwort** (Prof. Kluth):*
Vielen Dank für diese wichtige Frage. Die erste Voraussetzung bzw. das erste, was die Parlamente leisten könnten, ist: sich zu interessieren. Nicht nur bei den Haushaltsberatungen, sondern insgesamt wäre die Offenheit zum Gespräch wichtig. Nachdem ich zu dieser Veranstaltung eingeladen wurde, habe ich mir bei der Vorbereitung die Frage gestellt: Welche Verantwortlichkeit gegenüber der Gesellschaft haben wir? Ich finde das, was sie gesagt haben bzgl. der „Produktion" von Zahlen und Ihre Reaktion nicht schlecht. Denn darum geht es gerade nicht, diese Hochglanzbroschüren mit den Zahlen sind ja nicht der springende Punkt, sondern das Reflektieren: Was haben wir eigentlich in diesem Jahr zu diesem breiten Aufgabenspektrum beigetragen? Ich bin gedanklich meine Fakultät durchgegangen und habe hinterfragt, wer bestimmte Tätigkeiten zu den anfallenden Aufgabenfeldern wahrnimmt. Da kommt man zu ernüchternden Ergebnissen bei den Beiträgen, insbesondere zum Thema Transferforschung, aber auch zu anderen Grundlagenfragen. Als Juristen sind wir in diesen Themenbereichen aktuell besonders stark herausgefordert. Im Rahmen eines BMBF-Projekts „struktureller Rassismus in Behörden" wurde mir die Bedeutung des Rechts bewusst und verschiedene Dinge erscheinen dann anders. Das „Forschungsinstitut Gesellschaftlicher Zusammenhalt" (FGZ) beschäftigt sich ebenfalls mit diesen Dingen. Dort sind wir als Jurist/innen ebenfalls in der Minderzahl, die Mitglieder sind überwiegend Sozialwissenschaftler/innen. Aber ich denke, dass diese Reflexion ganz wichtig ist, denn die Zah-

len allein zeigen gerade nicht das Entscheidende, sondern z.B. wie man bestimmte Transferthemen in die Lehre einbezieht, wie man gesellschaftsbezogene Verantwortung in der Strukturierung von Lehrveranstaltungen oder von Forschungsprojekten einbindet. Das sollte eben auch das Land interessieren. In Sachsen-Anhalt haben wir einen Ministerpräsidenten, der mich gelegentlich etwas fragt und sagt, sie stehen bei uns auf der „Payroll". Jetzt kann man sagen: Das ist frech. Es ist aber auch nicht falsch. Ich denke, Wissenschaftsfreiheit bedeutet sicherlich, dass man uns Themengebiete und Ergebnisse der Forschung nicht vorschreiben kann. Diese Verantwortung beinhaltet aber auch, dass bestimmte im Gesetz definierte Aufgaben erfüllt werden müssen, nur fehlt die Erklärung, wie man diese in der Breite wahrnehmen und erfüllen kann. Als Universitäten und Hochschulen tragen wir viel zum Erreichen der wissenschaftlichen und gesellschaftlichen Ziele bei, aber nicht in jeder Hinsicht und nicht in dem Maße, wie es eigentlich erwünscht wäre. Es geht um die Ausschöpfung von Ressourcen, es sind schließlich kostbare Ressourcen. Wenn Sie sehen, wie internationale Kolleg/innen arbeiten müssen, dann ist unser Hochschulsystem auf einem Luxus-Level. Uns geht es im internationalen Vergleich sehr gut, daher sollten wir den – vor allem gesellschaftlichen – Erwartungen auch gerecht werden.

Präsentation

Die Auswirkungen von mehr Hochschulautonomie auf die Gestaltungsfreiheit und Verantwortung der Hochschulen

Prof. Dr. Winfried Kluth
Richter des Landesverfassungsgerichts a.D.

Schafft Wissen. Seit 1502.
MARTIN-LUTHER-UNIVERSITÄT
HALLE-WITTENBERG

MARTIN-LUTHER-UNIVERSITÄT
HALLE-WITTENBERG

Autonomie – ein schillernder Begriff

→ Autonomie
- Eigenständigkeit
- Unabhängigkeit
- Resilienz

→ Rechtliche Umsetzung
- Rechtsfähigkeit
- Selbstverwaltungsrecht

→ Einbindung und Relativität
- Gesetzesbindung/Verbandskompetenz
- Staatsaufsicht

MARTIN-LUTHER-UNIVERSITÄT HALLE-WITTENBERG

Rechtlicher Ausdruck von Hochschulautonomie

→ Kurzer Blick auf die Entwicklungsgeschichte

→ Wissenschaftsfreiheit als verfassungsrechtlicher Kern

→ Selbstverwaltungsrecht als organisationsrechtliches Schutzinstrument

→ Evolution des Selbstverwaltungsrechts

→ Auswirkungen auf die internen Strukturen

→ Neuere organisationsrechtliche Entwicklungen (u.a. Stiftungsuniversität)

MARTIN-LUTHER-UNIVERSITÄT HALLE-WITTENBERG

Folgen für die Gestaltungsfreiheit

→ Finanzierungsfragen als Achillesferse

Modelle der Selbstverwaltungsfinanzierung im Vergleich

Hochschulfinanzierung als Modell mit starker Abhängigkeit

→ Alternative Finanzierungsmodelle und Gründe ihrer Ablehnung

→ Einbindung der Hochschulautonomie in die planungsrechtlichen Instrumente

Hochschulplanung des Landes

Hochschulplanung der einzelnen Hochschulen

Verknüpfung durch Zielvereinbarungen

Folgen für die Gestaltungsfreiheit

- → Entscheidungslogiken der Selbstverwaltung
  - Eigengesetzlichkeiten der Gruppenuniversität
  - Erhöhung der Gestaltungsfreiheit durch Stärkung der Rektorate/Präsidien
- → Profilbildung/Restrukturierung als Herausforderung
  - Primat von Führungsklugheit
- → Rechtliche Gestaltungsfreiheit alleine reicht nicht aus

Der Sinn und Zweck von Hochschulen

- → Ableitungen aus dem Verfassungsrecht - Gewährleistungsverantwortung des Landes
- → „Hochschulen und andere wissenschaftliche Einrichtungen sind vom Land in ausreichendem Maße einzurichten, zu unterhalten und zu fördern."
- → Bezugsgrößen
  - Studienplätze in Bezug auf Nachfrage und Bedarfe in Wirtschaft, Staat und Gesellschaft
  - Forschungsbedarfe
  - Transferbedarfe

Der Sinn und Zweck von Hochschulen

„(1) [1]Die Hochschulen dienen der Pflege und Entwicklung der Wissenschaften und Künste durch Lehre, Forschung, Studium und Weiterbildung. [2]Sie bereiten auf berufliche Tätigkeiten einschließlich unternehmerischer Selbstständigkeit vor, die die Anwendung wissenschaftlicher Erkenntnisse und wissenschaftlicher Methoden oder die Fähigkeit zu künstlerischer Gestaltung erfordern. [3]Sie betreiben Wissens- und Technologietransfer zur Umsetzung und Nutzung ihrer Forschungs- und Entwicklungsergebnisse in der Praxis und wirken untereinander und mit anderen Wissenschaftseinrichtungen sowie der Wirtschaft zusammen. [4]Die Fachhochschulen erfüllen ihre Aufgaben nach den Sätzen 1 und 2 insbesondere durch anwendungsbezogene Lehre und entsprechende Forschung.“

Politische Leitentscheidungen

→ Primäre Steuerungsverantwortung der Länder

→ Wachsende Bedeutung der gesellschaftsbezogenen Verantwortung (Transformationsverantwortung)

→ „Die Hochschulen leisten ihren Beitrag zu einer nachhaltigen, friedlichen und demokratischen Welt. Sie setzen sich mit den möglichen Folgen einer Verbreitung und Nutzung ihrer Forschungsergebnisse auseinander.“

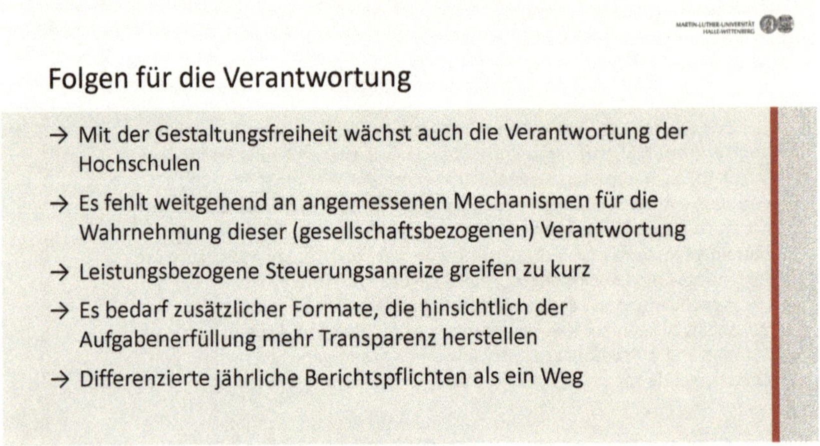
Folgen für die Verantwortung
→ Mit der Gestaltungsfreiheit wächst auch die Verantwortung der Hochschulen
→ Es fehlt weitgehend an angemessenen Mechanismen für die Wahrnehmung dieser (gesellschaftsbezogenen) Verantwortung
→ Leistungsbezogene Steuerungsanreize greifen zu kurz
→ Es bedarf zusätzlicher Formate, die hinsichtlich der Aufgabenerfüllung mehr Transparenz herstellen
→ Differenzierte jährliche Berichtspflichten als ein Weg

„Potenzielle" Schwerpunkte der brandenburgischen Hochschulgesetznovelle (Stand: 09.12.2022/Referentenentwurf)*

Lothar Knopp

I. Vorbemerkung

Ausgehend von dem Tagungsmotto bzw. der dort aufgeworfenen Frage „Mehr Autonomie?" kann diese bereits vorab im Hinblick auf das vorgesehene neue Regelwerk definitiv mit „nein" beantwortet werden, ungeachtet des Bekenntnisses im seinerzeitigen Koalitionsvertrag zu einer Weiterentwicklung der bestehenden Hochschulautonomie[1]. Der Referentenentwurf zur Novellierung des Brandenburgischen Hochschulgesetzes (BbgHG) belegt zunächst den Begriff eines „Ablösegesetzes", wonach in großen Teilen Neuregelungen anstelle der bisherigen Regelungen treten sollen und teilweise aus Gründen des Verfassungsrechts auch treten müssen! Der Gesetzesentwurf trägt die vielsagend anmutende Überschrift „Gesetz zur Weiterentwicklung des Brandenburgischen Hochschulsystems", wobei „Autonomiegeschenke" nicht im Vordergrund stehen. Lediglich wenige Themen, die man unter der sog. „Organisationsautonomie"[2] diskutieren kann, werden angesprochen.

Dass es nicht um „mehr Autonomie" geht, wird bereits in der Begründung zu dem Entwurf deutlich, wo unter dem „Allgemeinen Teil" die Schwerpunkte aufgelistet sind. Der Entwurf erweckt bei näherer Befassung dagegen den Eindruck einer teilweise „mikrotechnischen" Regelungstiefe, welche den Hochschulen nur wenig eigenverantwortliche Handlungsspielräume lässt, was sich vor allem an neuen Personalkategorien zeigt, deren Einführung für die Hochschulen zwingend vorgeschrieben wird. Zu diesem Komplex gehören im Übrigen auch – was vom Gesetzgeber unter das

* Vgl. auch den Beitrag des *Verfassers* in: NVwZ 10/2023, 728 ff. m.w.N.

1 Koalitionsvertrag vom 19.11.2019, S. 34: Weiterentwicklung der Hochschulautonomie und der Steuerungsinstrumente gemeinsam mit den Hochschulleitungen.

2 Zu den „Facetten" der Hochschulautonomie vgl. z.B. ausführl. und instruktiv *Kempen*, in: Hartmer/Detmer (Hrsg.), Hochschulrecht – Praxishandbuch, 4. Aufl. 2022, Kap. 1 Rnrn. 117 ff. m.w.N.

Thema hochschulinterne Stärkung der Mitbestimmung gefasst ist – z.B. die verbindliche Einführung einer Promovierendenvertretung[3] und einer studentischen Vizepräsidentschaft[4], welche unter Autonomie-Gesichtspunkten hätte durchaus als „Kann-Regelung“ ausgestaltet werden können, um so den Hochschulen in eigener Entscheidung zu ermöglichen, ob eine Einführung dieser Kategorien in der jeweiligen Hochschule in Betracht kommt oder nicht. Zwingend erscheint eine verbindliche gesetzliche Vorgabe zur Einführung besagter Kategorien unter Beachtung des im BbgHG niedergelegten Gesamtkonzepts der Vertretung der jeweiligen Hochschulgruppen insbesondere in verschiedenen Gremien im Hinblick auf eine weitere hochschulinterne Stärkung der Mitbestimmung jedenfalls nicht.[5]

Unter dem vom Gesetzgeber genannten Aspekt „Stärkung des akademischen Mittelbaus“ ist das neue Thema „Gute Arbeit in der Wissenschaft“ anzusiedeln, welches an den Hochschulen aktuell und länderübergreifend diskutiert wird.[6] Hierzu möchte ich im Rahmen meines Vortrages aber keine Stellung nehmen, sondern die instruktive Darstellung der Thematik und ihre potenziellen Problemfelder gern Herrn Dr. Plaßmann vom MWFK[7] überlassen, der dort auch maßgeblich zuständig für diese Thematik ist.

Ich würde mich demgegenüber mit anderen ausgewählten Schwerpunkten beschäftigen, die man in dem einen oder anderen Fall auch anders setzen könnte, wobei aber ein zentraler und nicht zu vernachlässigender Schwerpunkt die Neuregelung zur Hochschulleitungsebene, verbunden mit dem ebenfalls neu gefassten Regelungsmechanismus zur Stellung des brandenburgischen Hochschulkanzlers, sein dürfte.

Soweit der Aufgabenkanon der Hochschulen Ergänzungen erfährt durch Anpassung an aktuelle Herausforderungen, wie beispielhaft Digitalisierung,

---

3 § 32 Abs. 9 BbgHG-E.

4 §§ 17 Abs. 7, 73 Abs. 1 Satz 4, 5 BbgHG-E.

5 Zu den verfassungsrechtlichen Anforderungen an hochschulinterne Mitwirkungs- und Kontrollrechte vgl. BVerfG, Beschl. vom 20.07.2010 – 1 BvR 748/06, BVerfGE 127, 87 = NVwZ 2011, 224, Ls. 2 und Rz. 93 (zum Hamburgischen Hochschulgesetz – HmbHG); BVerfG, Beschl. vom 24.06.2014 – 1 BvR 3217/07, BVerfGE 136, 338 = NVwZ 2014, 1370, Ls. 2 und Rz. 66 sowie BVerfG, Beschl. vom 06.03.2020 – 1 BvR 2862/16 = NVwZ 2020, 1826, Rz. 8-10 (zu beiden Medizinische Hochschule Hannover – MHH).

6 Vgl. auch die kontroverse Diskussion zur „Berliner“ Regelung in §§ 95 Abs. 1 Satz 2, 110 Abs. 6 Satz 2 BerlHG, s. in diesem Zusammenhang die gutachterliche Stellungnahme von *Ruffert* vom Oktober 2021 einerseits und Gutachten zu dem gleichen Regelungsmechanismus, vorgelegt von *Will/Plöse* im Auftrag der GEW Berlin vom April 2022 andererseits.

7 Ministerium für Wissenschaft, Forschung und Kultur.

Nachhaltigkeit, Diskriminierungsschutz und Tierschutz, ist dies ausdrücklich zu begrüßen. Das Gleiche gilt für die Eröffnung zusätzlicher Handlungsspielräume in der Weiterbildung an den Hochschulen.[8]

II. „Schwerpunkte“ (ausgewählt)

1. Promotionskolleg (§ 33 BbgHG-E)

Mit der vorgesehenen Neuregelung in § 33 BbgHG-E wird die Möglichkeit geschaffen, den Fachhochschulen in Brandenburg ein „originäres“ Promotionsbetreuungsrecht zu verleihen. Vorbild für besagtes „Konstrukt“ ist dabei NRW, wonach der Wissenschaftsrat in seiner Stellungnahme vom 08.07.2022 zum „Promotionskolleg für angewandte Forschung der Fachhochschulen in Nordrhein-Westfalen“ (kurz: Promotionskolleg NRW) explizit empfohlen hat, diesem das Promotionsrecht zu verleihen.[9] Besagtes Kolleg besteht hier aus insgesamt 21 Hochschulen für angewandte Forschung/Fachhochschulen.

Die Diskussion um eine Aufhebung der ursprünglichen Differenzierung in anwendungsorientierte Forschung und Lehre, bezogen auf Fachhochschulen, und Grundlagenforschung sowie der wissenschaftsorientierten Lehre, bezogen auf Universitäten, kann angesichts der erheblichen Stärkung der Fachhochschulen gegenüber den Universitäten in den vergangenen Jahren sicherlich so nicht mehr aufrechterhalten werden.[10] Dies belegen bereits auch die Länderhochschulgesetze, in denen teilweise gemeinsame Regelungen, z.B. zu Organisationsfragen, für Universität und Fachhochschule gleichermaßen gelten. Das „Tor“ hin zu einer „Nivellierung“ von Universität und Fachhochschule hat aber auch gerade das Bundesverfassungsgericht „weit geöffnet“. Mit seiner bejahenden Rechtsprechung schon aus dem Jahr 2010[11] zur Frage, ob sich auch Fachhochschul-Profes-

8 Vgl. §§ 3 Abs. 1, 2 6, 8, 26 BbgHG-E.

9 Vgl. Pressemitteilung vom 08.07.2022, Promotionskolleg NRW, abrufbar unter: https://www.wissenschaftsrat.de/download/2022/pm_1522.pdf?Blob=PublikationFile&V=7 sowie Stellungnahme Wissenschaftsrat zum Promotionskolleg NRW (Drs. 9860-22), Juli 2022, abrufbar unter: https://www.wissenschaftsrat.de/download/2022/9860-22.html.

10 Vgl. z.B. *Knopp*, in: Knopp/Wolff (Hrsg.), Umwelt-Hochschule-Staat, FS für Franz-Joseph Peine, 2016, S. 315 ff., 321 m.w.N.

11 BVerfG, Beschl. vom 13.04.2010 – 1 BvR 216/07, NVwZ 2010, 1285.

sorinnen und -Professoren auf das Grundrecht der Wissenschaftsfreiheit (Art. 5 Abs. 3 Satz 1 GG) berufen können, hat es diese in seinem Beschluss vom 12.05.2015[12] zur Fusion der Universität Cottbus mit der FH Lausitz fortgesetzt, indem es nunmehr dieses Recht als individuelles Grundrecht erneut den Fachhochschul-Professorinnen und -Professoren zugesteht. Das Bundesverfassungsgericht trifft an dieser Stelle auch eine folgenschwere Feststellung, die den Befund zur bereits zu beobachtenden Nivellierung von Universität und Fachhochschule belegt, wenn es nämlich unter Verweisung auf die Empfehlung des Wissenschaftsrates – wie schon 2010 – ausführt, dass eine „trennscharfe" Unterscheidung zwischen Universitäten und Fachhochschulen heute nur noch schwer möglich sei.

Die brandenburgische Regelung zum Promotionskolleg setzt zunächst einen Zusammenschluss der Fachhochschulen durch eine sog. Kooperationsvereinbarung zwecks Errichtung einer gemeinsamen wissenschaftlichen Einrichtung – Promotionskolleg – voraus, wonach auf Antrag der Fachhochschulen dieser Einrichtung das Promotionsrecht durch das zuständige Wissenschaftsministerium verliehen werden kann, wenn die im Gesetz formulierten Voraussetzungen (§ 33 Abs. 2 Satz 1 Nrn. 1-3) als erfüllt anzusehen sind, was wiederum – bei der erstmaligen Verleihung, aber auch weiteren Bestätigungen der Verleihung – eine im Gesetz näher beschriebene (positive) Begutachtung voraussetzt.

Der für sich betrachtet rechtlich „blutleere" Begriff der „Kooperationsvereinbarung", welchen der Gesetzgeber hier verwendet, was letztlich aber nichts anderes bedeutet als ein öffentlich-rechtlicher Vertrag, wird „untersetzt" bzw. konkretisiert durch die vom Gesetzgeber aufgelisteten Inhalte, welche in besagter Vereinbarung zu regeln sind (s. § 33 Abs. 3 Satz 1 Nrn. 1-8), wobei die dort aufgezählten Themen nicht abschließend „definiert" sind, wie die Formulierung „insbesondere" in § 33 Abs. 3 Satz 1 belegt.

Besagter Regelungsmechanismus erfasst auch explizit die BTU, s. § 33 Abs. 3 Satz 2, wonach den dortigen nach der Fusion tätigen FH-Professorinnen und -Professoren für sog. anwendungsbezogene Studiengänge nunmehr ebenfalls ein sog. Promotionsbetreuungsrecht ermöglicht werden kann aufgrund der Einräumung eines Beteiligungsrechts der BTU am

---

12 BVerfG, Beschl. vom 12.05.2015 – 1 BvR 1501/13 und 1 BvR 1682/13 = NVwZ 2015, 1370 = LKV 2015, 359, konkret bezogen auf die Fachhochschule Lausitz s. BVerfG-Beschl. Rz. 81: „Die Hochschullehrenden der Fachhochschule Lausitz können sich demnach ebenso wie die der Universität Cottbus auf die Wissenschaftsfreiheit berufen, betreiben akademische Lehre und tragen Verantwortung für das Profil der Organisation."

Promotionskolleg. Wie die Diskussion im Vorfeld zur Einführung dieser Regelung belegt, ist der weitere „Umbau" der BTU nach der Fusion durch Umwandlung der noch bestehenden fachhochschulischen Elemente in eine ebenfalls universitäre Ausrichtung zwingend erforderlich, um den nach wie vor „hybriden" Zustand der BTU zu beenden. In diesem Zusammenhang ist es ebenso zwingend, das seinerzeitige „Fusionsgesetz"[13], das sich überwiegend „überlebt" hat, aufzuheben. Denn wo Universität draufsteht, sollte auch nur Universität drin sein, um es einmal gerade auch unter Wettbewerbsgesichtspunkten salopp zu formulieren. Im Rahmen der jetzigen Novelle wäre jedenfalls gesetzestechnisch die Aufhebung des Fusionsgesetzes ohne Weiteres möglich gewesen, bei gleichzeitiger „Restregelung" der noch in der BTU verbliebenen „anwendungsorientierten" Studiengängen[14] und den dort lehrenden Fachhochschulkolleginnen und -kollegen.

2. Hochschulleitungsebene und neue Kanzlerregelung (§§ 73, 75 BbgHG-E)

Zumindest unter dem Aspekt „Organisationsautonomie" dürfte die vorgesehene Neuregelung zur Hochschulleitungsebene fallen. Hier erfolgt aber auch zugleich eine Abkehr von der bisherigen monokratisch geprägten Präsidialverfassung des BbgHG[15], insoweit ein „Strukturbruch" in der bekannten Gesetzessystematik. Grundsätzlich gilt zwar nach wie vor die bisher geltende Regelung, wonach die Präsidentin/der Präsident als monokratisches Leitungsorgan tätig wird (§ 71 Abs. 1 Satz 1), der neue § 73 Abs. 1 BbgHG-E sieht dagegen aber „wahlweise" ein Präsidium, somit ein kollegiales Leitungsorgan, vor, welches in der Grundordnung[16] von dem zuständigen zentralen Hochschulorgan festgeschrieben werden kann, wo-

---

13 Gesetz zur Weiterentwicklung der Hochschulregion Lausitz vom 11.02.2012 (GVBl. I Nr. 4), zuletzt geändert durch BVerfG, Beschl. vom 12.05.2015 – 1 BvR 1501/13, 1 BvR 1682/13 vom 12.05.2015 (BGBl. I, S. 1007), kurz: GWHL, vgl. hierzu die Kommentierung von *Topel/Tappert*, in: Knopp/Peine/Topel (Hrsg.), Brandenburgisches Hochschulgesetz GWHL I StiftG-EUV I BbgHZG, Handkommentar, 3. Aufl. 2018.

14 Vgl. im Einzelnen § 6 GWHL sowie o. Fn. 13 (Kommentierung von *Topel/Tappert*, in: Knopp u.a.).

15 Vgl. nur *Knopp*, in: Knopp/Peine/Topel (o. Fn. 13), § 64 Rnrn. 2, 5 sowie § 65 Rn. 1 m.w.N.

16 Vgl. z.B. *Knopp* in: Knopp/Peine/Topel (o. Fn. 13), § 64 Rn. 2: Die „Verfassung" und damit wichtigste hochschuleigene Satzung ist die Grundordnung (vgl. BVerfGE 10, 20, 49 f.; s. auch BVerfGE 61, 260, 275), zu deren Erlass der Senat als Zentrales Hochschulorgan durch das BbgHG 1999 berufen war (bzw. in der Regel auch heute noch ist).

für wiederum in der Regel der Hochschulsenat zuständig wäre. Wie der Gesetzestext zeigt, soll das Präsidium aus der Präsidentin oder dem Präsidenten, Kanzlerin oder Kanzler, und sofern vorgesehen, aus der hauptberuflichen Vizepräsidentin oder dem hauptberuflichen Vizepräsidenten oder zumindest einem weiteren Präsidiumsmitglied bestehen. Die Grundordnung kann dabei weitere Mitglieder bestimmen, wozu „verpflichtend" aber das studentische Präsidiumsmitglied (Studentischer VP) gehört, dessen Amtszeit zwei Jahre beträgt, im Unterschied zu den übrigen Präsidiumsmitgliedern mit jeweils sechs Jahren.[17] Präsidentin oder Präsident führen den Präsidiumsvorsitz und verfügen über die Richtlinienkompetenz. Bei Stimmengleichheit gibt ihre oder seine Stimme den Ausschlag. Sie oder er vertritt die Hochschule auch nach außen. Ähnliche Regelungsmechanismen sind aus anderen Bundesländern bekannt, z.B. im Sächsischen Hochschulrecht.[18] Insoweit soll also nach dem Willen des Gesetzgebers die Hochschule aufgrund eigener Entscheidungsfreiheit künftig über die konkrete „Hochschulleitungsorganisationsform" bestimmen können.

Wichtig in diesem Zusammenhang ist für die aktuellen Amtsinhaber – Präsidentin/Präsident – aber die Neuregelung in § 73 Abs. 3 BbgHG-E, wonach unter dem Aspekt des „Besitzstandes" die Einrichtung eines Präsidiums durch den Senat in der Grundordnung erst wirksam wird mit Ablauf der Amtszeit der zum Zeitpunkt der Änderung der Grundordnung gewählten Präsidentin oder des gewählten Präsidenten und welche *mindestens* 18 Monate vor Ablauf dieser Amtszeit von dem für die Änderung der Grundordnung zuständigen Organ – in der Regel also Senat – der Hochschule beschlossen werden muss.

Dieser Regelungsmechanismus findet allerdings auf einen zum Zeitpunkt besagter Änderung der Grundordnung bereits in ein Lebenszeitbeamtenverhältnis berufene Kanzlerin bzw. berufenen Kanzler keine Anwendung.

Verknüpft ist der beschriebene „Mechanismus" mit einer neuen Kanzlerregelung in § 75 BbgHG-E, welche der Entscheidung des Bundesverfas-

17 § 73 Abs. 1 Satz 5 BbgHG-E.

18 Vgl. § 88 Abs. 1 Sächsisches Hochschulgesetz vom 31.05.2023 (SächsGVBl. S. 329); zum Thema Wissenschaftsfreiheit und Organisation von Hochschulen am Beispiel der Rektorenwahl nach sächsischem Hochschulrecht s. jüngst *Wernsmann/Freund*, NVwZ 2023, 201 ff. m.w.N. (zugleich zu Mitwirkungs- und Beteiligungsrechten).

sungsgerichts vom 24.04.2018[19] zum brandenburgischen Hochschulkanzler Rechnung tragen soll. Das Bundesverfassungsgericht hatte bekanntlich auf der Grundlage eines Vorlagebeschlusses des Bundesverwaltungsgerichts[20] als Revisionsinstanz, klageweise „erstritten" durch einen brandenburgischen Hochschulkanzler (BTU), die seinerzeitige Regelung eines „bestellten" Kanzlers in einem zeitlich befristeten Beamtenverhältnis für verfassungswidrig und unwirksam erklärt, sodass von der damaligen Gesetzesformulierung lediglich noch ein rechtlich zulässiges Anstellungsverhältnis in ebenfalls zeitlicher Befristung, welches mit potenziellen Kanzlerinnen oder Kanzlern begründet werden konnte, „übrig geblieben" ist.[21]

Weitere Folge war aber auch zugleich, dass aufgrund des Bundesverfassungsgericht-Beschlusses (sog. Normenkontrollbeschluss), welchem Gesetzeskraft zukommt, Kanzlerinnen oder Kanzler bei Vorliegen der entsprechenden Voraussetzungen auch unmittelbar in ein Lebenszeitbeamtenverhältnis bestellt werden konnten bzw. bis zum Inkrafttreten des vorliegenden Entwurfs als förmliches Gesetz noch können. Dies belegen z.B. zutreffend die jüngsten Stellenausschreibungen für Kanzler/innen der Universitäten Potsdam und Frankfurt/Oder, wo neben einem Anstellungsverhältnis besagte Stellen gerade auch als Beamtenverhältnis auf Lebenszeit ausgeschrieben worden sind. Während nach der Bundesverfassungsgericht-Entscheidung nahezu die gesamte deutsche Hochschullandschaft „aufgeschreckt" erschien, was verschiedene Veranstaltungen, aber auch etliche Publikationen eindrucksvoll belegt haben, begannen schon frühzeitig die ersten Landesgesetzgeber, ihre „Kanzlerregelung" entsprechend der allgemeinen Diktion des Bundesverfassungsgerichts zur Ausgestaltung des Kanzleramtes zu überdenken bzw. zu prüfen und ggf. zu novellieren, wie z.B. in Rheinland-Pfalz und Sachsen-Anhalt[22]. Damit ließ sich der brandenburgische Gesetzgeber aber ersichtlich „Zeit", denn seit der Entscheidung des Bundesverfassungsgerichts sind nunmehr fast fünf Jahre vergangen. Gleichwohl darf bei allem Novellierungseifer auch anderer Landesgesetzgeber und der im Zusammenhang mit besagter Entscheidung aufgetretenen „Wünsche"

---

19 BVerfG, Beschl. vom 24.04.2018 – 2 BvL 10/2016, NVwZ 2018, 1044; vgl. hierzu ausführl. *Knopp*, NVwZ 2018, 1029 ff.; auch *Sandberger*, DÖV 2018, 903 ff., 969 ff., jew. m.w.N.

20 Aussetzungs- und Vorlagebeschluss des BVerwG vom 23.06.2016 – 2 C 1/15, BVerwGE 155, 300; vgl. hierzu *Knopp*, ZBR 2017, 235 ff. einerseits und *Wolff*, ZBR 2017, 239 ff. andererseits, jew. m.w.N.

21 Vgl. § 67 Abs. 2 Satz 2 BbgHG (i.d.F. vom 23.09.2020, GVBl. I/20 [Nr. 26]).

22 Vgl. im Einzelnen *Knopp*, Ordnung der Wissenschaft 3 (2021), 185 ff., 191 m.w.N.

von Kanzlerinnen und Kanzlern aus anderen Bundesländern, aus einem Zeitbeamtenverhältnis in ein Lebenszeitbeamtenverhältnis zu „wechseln", ggf. klageweise, nicht verkannt werden, dass die Entscheidung des Bundesverfassungsgerichts sich zunächst ausschließlich auf seinerzeit geltendes brandenburgisches Hochschulrecht und hier auf das gesetzliche Gesamtgefüge von Präsidentin/Präsident und Kanzlerin/Kanzler bezogen hat. Das Bundesverfassungsgericht hat dabei den zugrundeliegenden Sachverhalt und dessen Regelungsmechanismus dennoch zum Anlass genommen, zu verdeutlichen, *wie* eine verfassungsgemäße Gestaltung des Kanzleramtes im Hochschulrecht aussehen könnte. Speziell diese Ausführungen sind im Hinblick auf die vorgesehene Neuregelung relevant.

Grundsätzlich verbleibt es danach bei dem „Bestellmechanismus", soweit die monokratische Leitungsstruktur erhalten bleibt, d.h. die Präsidentin oder der Präsident „bestellt" entscheidungsautonom – wie bisher – die Kanzlerin oder den Kanzler. Im Falle der Bestellung in ein Beamtenverhältnis erfolgt diese jetzt zunächst in ein Beamtenverhältnis auf Probe mit einer Probezeit von zwei Jahren, nach deren „erfolgreichem" Abschluss wird der Kanzlerin oder dem Kanzler das Amt auf Lebenszeit übertragen. Dieser Regelungsmechanismus entspricht den Vorgaben des Bundesverfassungsgerichts, welches in seiner Entscheidung auf bereits vorhandene Länderregelungen, wie in Bayern und in Mecklenburg-Vorpommern, hingewiesen hat[23] und ist nunmehr als verfassungsgemäße „Reparatur" des bisherigen brandenburgischen Rechts einzustufen.

Alternativ sieht § 75 Abs. 3 BbgHG-E allerdings einen anderen „Weg" für das Kanzleramt vor, welcher wiederum aus verfassungsrechtlicher Sicht nicht unproblematisch erscheint, was das dort dargestellte Beamtenverhältnis betrifft.

Mit der Entscheidung des Hochschulsenats zur Änderung der Grundordnung und Einführung eines Präsidiums geht *zwangsläufig* auch – so der Gesetzgeber – das Amt der zu verbeamtenden Kanzlerin bzw. des zu verbeamtenden Kanzlers als Wahlamt und damit als eine Verbeamtung auf Zeit einher, vorausgesetzt Kanzlerin oder Kanzler werden aus einem Beamtenverhältnis heraus bestellt. Danach räumt der Gesetzgeber den Hochschulen letztlich ein „Wahlrecht" nicht nur über ihr eigenes Leitungsmodell,

23 BVerfG, NVwZ 2018, 1052 Rz. 74 sowie Art. 23 Abs. 2 Satz 3 BayHSchG i.d.F. vom 19.12.2017 und § 87 Abs. Satz 2, 3 LHG M-V i.d.F. der Bekanntmachung vom 25.01.2011; zur neuen „bayerischen" Regelung, welche den beschriebenen Regelungsmechanismus beibehält s. Art. 33 Abs. 2 Satz 3 Bayerisches Hochschulinnovationsgesetz (BayHIG) vom 05.08.2022 (GVBl. Nr. 15/2022, S. 414).

sondern auch über den beamtenrechtlichen Status der Kanzlerin oder des Kanzlers ein. Dies begegnet erheblichen verfassungsrechtlichen Bedenken aus folgenden Gründen:

Durch diesen Mechanismus werden auf verfassungsrechtlich unzulässige Weise legislative Entscheidungsbefugnisse auf die Exekutive übertragen, was ein Verstoß gegen das Delegationsverbot[24] darstellt. Da die Regelung zum beamtenrechtlichen Status der Hochschulkanzlerin bzw. des Hochschulkanzlers den Kernbestand der Strukturprinzipien des Beamtenrechts berührt, ist eine Entscheidung hierüber allein dem *Gesetzgeber* vorbehalten. Die faktische Übertragung der Befugnis auf die Hochschulen, darüber entscheiden zu können, ob Kanzlerin oder Kanzler in ein Beamtenverhältnis auf Lebenszeit (bei monokratischer Leitung) oder in ein Beamtenverhältnis auf Zeit (pluralistische bzw. kollegiale Leitung) bestellt wird, verstößt somit gegen Verfassungsrecht.[25] Ein Vergleich mit den hochschulrechtlichen Regelungen anderer Bundesländer ändert an diesem Befund nichts. Weder z.B. Baden-Württemberg noch Bayern oder Mecklenburg-Vorpommern sehen ein solches „Wahlrecht" der Hochschulen über das eigene Leitungsmodell und die beamtenrechtliche Stellung von Hochschulkanzlerin/Hochschulkanzler vor, wie es im Referentenentwurf für Brandenburg geplant ist. Diese Entscheidung wurde vielmehr – wie aus Sicht des Bundesverfassungsgerichts auch zu fordern ist – vom jeweiligen Gesetzgeber selbst getroffen. D.h. in allen diesen Bundesländern hat der Gesetzgeber *selbst* eine Verbeamtung von Kanzlerin/Kanzler auf Lebenszeit oder auf Zeit im *Hochschulgesetz* festgelegt. Die derzeit im Referentenentwurf für Brandenburg vorgesehene „Wahlmöglichkeit" der Hochschulen ist damit

24 Nach dem Grundsatz des Parlamentsvorbehalts sind bestimmte Sachbereiche und Gegenstände „dem Gesetz vorbehalten" und damit einer autonomen Regelung durch die Verwaltung entzogen (sog. Delegationsverbot), vgl. z.B. *Ossenbühl*, in: Isensee/Kirchhof, Handbuch des Staatsrechts, Band V, 3. Aufl. 2007, § 101 Rnrn. 11, 14; *Grzeszick*, in: Dürig/Herzog/Scholz, Grundgesetz, 97. EL Januar 2022, Art. 20 Rn. 106. Das BVerfG hält in diesem Zusammenhang das Parlament für verpflichtet, alle „wesentlichen" Entscheidungen einer bestimmten Sachmaterie selbst – durch Gesetz – zu regeln (sog. Wesentlichkeitstheorie), BVerfG, Urt. vom 19.09.2018 – 2 BvF 1, 2/15 = BVerfGE 150, 1 (96 f.).

25 Hierbei handelt es sich bei der Frage, ob die Position der Kanzlerin/des Kanzlers an einer Hochschule im Beamtenverhältnis auf Lebenszeit oder im Beamtenverhältnis auf Zeit geführt werden soll, auch um einen „wesentlichen" Sachverhalt an der Schnittstelle von Hochschul- und Beamtenrecht. Sie hat Grundrechtsrelevanz sowie Auswirkungen auf die Machtverteilung im Staatsgefüge und betrifft einen politisch wichtigen und „umstrittenen" Bereich.

ein einmaliger Sonderweg im Ländervergleich, dessen verfassungsrechtliche Legitimation mehr als in Frage steht.

Eine Diskussion über verfassungsrechtliche Fragen hat allerdings – außergerichtlich – lediglich, wenn überhaupt, akademisches Erkenntnispotenzial. Eine tatsächliche Klärung solcher Fragen bringt letztlich nur eine verfassungsgerichtliche Entscheidung, ergo: Man muss es also „austragen", wenn man es genau wissen will. Doch auch hier gilt der alte Spruch: Wo kein Kläger, da kein Richter, womit ich es zu diesem Punkt für heute belassen möchte.

Zudem muss die beabsichtigte Kanzlerregelung im Hinblick auf die mögliche Ausgestaltung eines Wahlamtes sowieso „nachjustiert" werden, denn schon zum Wahlamt der Präsidentin/des Präsidenten gilt, wer gewählt wird, kann auch abgewählt werden, wobei hier ebenfalls vorhandene verfassungsgerichtliche Vorgaben zu beachten sind, wie die aktuellen Korrekturen bei Abwahl einer Präsidentin/eines Präsidenten zeigen.[26] Dagegen fehlt bisher eine Abwahlregelung beim Kanzler-Wahlamt, welche noch nachzutragen sein wird.

3. Studentischer VP (§§ 17 Abs. 7, 73 Abs. 1 BbgHG-E)

Auf besagtes neues „Präsidiumsmitglied" hatte ich schon hingewiesen. Für die Hochschulen besteht hier – wie schon gesagt – eine gesetzliche Verpflichtung, den Studentischer VP über die Grundordnung einzuführen, soweit jedenfalls ein Präsidium oder ein ähnliches Leitungsgremium zur Unterstützung der Präsidentin/des Präsidenten besteht (bei der vom Gesetzgeber beibehaltenen monokratischen Leitungsebene „Präsidentin oder Präsident", s. § 17 Abs. 7 BbgHG-E).

Die Präsidentin/der Präsident hat insoweit ein Vorschlagsrecht nach Anhörung des obersten beschlussfassenden Organs der Studierendenschaft, der Senat wählt, Näheres bestimmt auch hier die Grundordnung. Besagte gesetzliche Verpflichtung entsteht bereits mit Inkrafttreten der Novelle.

Das Gleiche gilt bei Bestimmung eines Präsidiums als Alternative zur monokratischen Leitungsstruktur in der Grundordnung durch (in der Re-

26 In der „Synopse" des Gesetzgebers zu besagter Neuregelung wird in diesem Zusammenhang explizit auf das Urt. des Verfassungsgerichtshofs Baden-Württemberg vom 14.11.2016 – 1 VB 16/15 – Bezug genommen, welches sich wiederum auf ein Urt. des BVerfG vom 29.05.1973 zum Az. 1 BvR 424/71 und 325/72 (Hochschulurteil/Professorenmehrheit) bezieht.

gel) den Senat, wobei hier ergänzend lediglich die Amtszeiten der Präsidiumsmitglieder durch den Gesetzgeber geregelt sind, während die nähere Ausgestaltung des Amtes eines Studentischer VP ebenfalls der Grundordnung vorbehalten bleibt (§ 73 Abs. 1 Satz 4 BbgHG-E).

4. Fakultäten-Fachbereiche/Departements (z.B.)

§ 80 Abs. 1 BbgHG-E eröffnet neben den klassischen Fakultäten/Fachbereichen als organisatorische Grundeinheiten der Hochschulen die Einführung alternativer organisatorischer Grundeinheiten (z.B. Departements), wobei die Vorschriften auf Fakultäten/Fachbereiche entsprechend Anwendung finden sollen. Diese Möglichkeit ist aber wiederum nicht nur der „Entscheidungsfreiheit“ der Hochschulen unterstellt, sondern sieht einen durchaus komplexen staatlichen Kontrollmechanismus in § 80 Abs. 5 BbgHG-E vor, der sogar ein Mitbestimmungsrecht, wenn auch „nur“ in Form des „Benehmens“ zwischen MWFK und Landeshochschulrat, vorsieht[27], was sich nicht unbedingt als – insbesondere auch rechtliches – „Erfordernis“ erschließt.

Der den Hochschulen durch den Gesetzgeber in Abs. 1 der benannten Vorschrift eingeräumten vermeintlichen „Autonomie“ hinsichtlich ihrer organisatorischen Gestaltungsmöglichkeiten und -freiheiten werden jedenfalls in Abs. 5 durchaus „strenge“ Grenzen gesetzt, wenn es um die Kontrolle der hochschulischen Ausübung der Entscheidungsfreiheit durch den Staat geht. „Böswillige“ könnten hier behaupten, dass der Gesetzgeber den Hochschulen dahingehend nicht zutraut, sinnvolle alternative Organisationseinheiten zu Fachbereichen/Fakultäten einzuführen, welche mit gleichen Leistungsspektren an die Stelle von Fakultäten/Fachbereichen treten sollen.

Zwar kann auch „Autonomie“ nicht frei von Grenzen sein, die Frage ist vorliegend aber, ob es der in Abs. 5 verankerten komplexen Regelungstiefe zur staatlichen Grenzziehung tatsächlich bedurft hätte.

27 Offensichtlich möchte der Gesetzgeber mit dieser Regelung aber der vorgesehenen „Stärkung“ der Stellung des Landeshochschulrats, § 86 BbgHG-E, Rechnung tragen, s. Referentenentwurf Allgemeiner Teil, S. 1 sowie Besonderer Teil, S. 63. Besagter Regelungsmechanismus verkürzt dagegen vielmehr – ohne Not – die Entscheidungskompetenzen der Hochschulen zu den beschriebenen Organisationsformen.

III. Schlussbemerkung

Abschließend stellt sich folgende Frage: Gelingt mit Inkrafttreten des Novellierungsentwurfs dem Gesetzgeber durch die teilweise neuen und sehr komplexen Themen in der Gesamtschau also der „große Wurf“, transparent und „elegant serviert“, oder handelt es sich um schwerverdauliche Kost, die verschiedentlich „erleichternder Therapie“ bedarf? Letzteres ist nach obiger Darstellung aber der Fall, so drängt sich in verschiedenen Bereichen eine „Überregulierung“ geradezu auf. Dem Gesetzgeber verbleibt zum gegenwärtigen Zeitpunkt dennoch die Chance, „Regelungslücken“ zu schließen und Korrekturen vorzunehmen sowie der Versuch, verfassungsrechtliche Zweifel auszuräumen, es sei denn, der Gesetzgeber ist davon überzeugt, dass solche gar nicht bestehen, wonach „Rechtsklarheit“ zu gegebener Zeit ggf. nur (wieder einmal) der Gang zu den Verfassungsgerichten bringen kann.

Diskussion

Frage *(Prof. Petrick, Senatsvorsitzender, BTU Cottbus-Senftenberg):*
Präsidentin, Präsident oder Präsidium. Wenn ich Sie jetzt richtig verstanden habe, würden Sie mir empfehlen, wir bleiben bei Präsident/in. Wenn ich Sie ebenfalls richtig verstanden habe, darf ein/e Kanzler/in lebenszeitverbeamtet sein und wir brauchen keine/n studentische/n Vizepräsident/in bzw. ein studentisches Präsidiumsmitglied.

Antwort *(Prof. Knopp):*
Gut, dass Sie noch einmal nachfragen, da haben Sie mich teilweise falsch verstanden. Wir brauchen das studentische Präsidiumsmitglied auf jeden Fall und zwar kraft Gesetzes, egal, welchen Regelungsmechanismus man heranzieht, ob der Senat nun die grundsätzlich vorgesehene Regelung zur/zum Präsident/in beibehält oder sich für die Wahlsituation im Hinblick auf ein Präsidium entscheidet. Die Grundordnung der BTU Cottbus-Senftenberg muss zum studentischen Mitglied des Präsidiums auf jeden Fall nach Inkrafttreten der Novellierung angepasst werden.

Frage *(Name und Funktion nicht angegeben):*
Gibt es Hinweise zur möglichen Reduktion des Lehrumfangs von 18 auf 14 oder 12 Semesterwochenstunden (SWS)? Und wir sind an der HNE Eberswalde in der Diskussion zu Departments, haben Sie dazu vielleicht eine Empfehlung?

Antwort *(Prof. Knopp):*
Mir sind keine Fragestellungen oder Hinweise aus dem MWFK bekannt, dass man von 18 auf 14 SWS „heruntergehen" würde. Das wäre vielleicht in manchen Fällen sinnvoll. Aber wir kennen diese Reduktionen bei den sog. Forschungsprofessuren.
Departments müssen die gleichen Leistungsspektren erfüllen können, wie z.B. eine Fakultät oder ein Fachbereich. Vielleicht können Sie, *Herr Koenecke*, kurz etwas dazu sagen? Wie weit ist hier die Diskussion? Von der gesetzlichen Seite her ist mir nichts bekannt.

Antwort *(Herr Koenecke, Kanzler der HNE Eberswalde):*
Ein Anliegen, das Sie in Ihrem Vortrag auch angesprochen hatten, ist, dass das Aufgabenspektrum der Hochschulen gewachsen ist. Das betrifft insbesondere die Fachhochschulen. Im Bereich der Forschung sind die Fachhochschulen extrem stark „unterwegs" und 18 SWS Regellehrverpflichtung sind dann nicht mehr zeitgemäß. Leider gibt es kein Anzeichen dafür, dass

das MWFK bzw. das Land hier in irgendeiner Form einen Änderungsbedarf sieht.
Wenn ich auch noch etwas Positives anführen darf: Neu berücksichtigt sind die Transferprofessuren. Diese sind ähnlich ausgestaltet wie die Forschungsprofessuren und erlauben auch eine Absenkung des Lehrdeputats zur Realisierung der jeweiligen Transfer-Aufgabe.

***Anmerkung/Frage** (Prof. Knopp):*
Das muss natürlich auch im Einzelfall festgelegt werden. Wie groß wäre die Absenkung? Gibt es dahingehend schon Überlegungen zur Handhabung?

***Antwort** (Herr Koenecke):*
Es sind – glaube ich – analog zu den Forschungsprofessuren 5 %.

***Anmerkung** (Prof. Kluth):*
Ich habe weniger eine Frage als vielmehr eine Anmerkung. Vor ein paar Jahren war ich für den Wissenschaftsrat im Akkreditierungsausschuss tätig. Da gibt es aus meiner Sicht immer eine Kohärenzproblematik. Wenn wir Hochschulen besucht und insbesondere das Promotionsrecht geprüft haben, haben wir immer sehr genau hingeschaut, unter welchen Voraussetzungen ein Promotionsrecht verliehen werden kann, denn ein pauschales Promotionsrecht gibt es an privaten Hochschulen nicht. Bei staatlichen Universitäten ist es in der Regel so, dass diesen das Promotionsrecht automatisch übertragen wird. Bei privaten Hochschulen wird im Detail geprüft, ob in dem jeweiligen Fach die nötige Anzahl von Professuren vorhanden ist und wie dies im Einzelnen aussieht. Das ist auch ein Punkt, der dann die Frage des Lehrdeputats in den Fokus rückt. Auch wenn z.B. Forschungsaufgaben übernommen werden sollten, wurden u.a. die Verträge genau geprüft und entsprechend Auflagen formuliert. Meine Empfehlung ist, dass auch die Kohärenz hergestellt werden sollte. Im deutschen System werden die Strukturen der Privathochschulen deutlich strenger – und teilweise durchaus angemessener – betrachtet als dies bei staatlichen Hochschulen der Fall ist. Wenn wir die Wissenschaftsratskriterien anwenden würden, hätten wir kein flächendeckendes Promotionsrecht an den Universitäten, weil die Mindestanforderung an die Zahl der fachkompetenten Stellen oft nicht erfüllt wäre. Es ist ganz gut, diesen Vergleich zu ziehen, auch in Bezug auf die Frage von Lehrdeputaten, und wenn man bestimmte Ansprüche hat, auch an die Studiengänge. Der Wissenschaftsrat stellt in diesem Bezug auch eine gute Referenz für gute Wissenschaftsgesetzgebung dar.

Anmerkung *(Prof. Knopp):*
Das wissen wir auch. Die Universitäten haben sich seit langen Jahren immer wieder – jetzt auch im Hinblick auf ein Promotionskolleg – dagegen ausgesprochen, den Fachhochschulen das Promotionsrecht zu verleihen. Es wird hier immer wieder darauf hingewiesen, dass durch die Verleihung des Promotionsrechts an die Fachhochschulen die letzte „Bastion" der Universitäten fällt. Man sollte durchaus im Detail prüfen, ob die Voraussetzungen für ein Promotionsrecht bei der jeweiligen Fachhochschule erfüllt sind.

Frage *(Name und Funktion nicht angegeben):*
Verstehe ich das richtig, dass ein Kanzler, der bereits auf Lebenszeit bestellt ist, Lebenszeitbeamter bleibt, wenn ein Präsidium neu gebildet wird? Hingegen auf Zeit ernannt wird, wenn das Präsidium bei seinem Amtsantritt schon besteht? Halten Sie diese Ungleichbehandlung für verfassungsrechtlich belastbar?

Antwort *(Prof. Knopp):*
Eine Lebenszeitverbeamtung, wenn eine Bestellung in ein Lebenszeitbeamtenverhältnis bereits erfolgt ist, bleibt nach Beamtenverfassungsrecht bestehen. Hier kann nicht mehr „eingegriffen" werden, weshalb das Verfassungsrecht auch die Legitimation für die Lebenszeitverbeamtung in diesem Fall darstellt.

Frage *(Frau Damus, Mitglied des Landtags Brandenburg, B90/Grüne):*
Ich würde gerne noch einmal an die Frage des Lehrdeputats anknüpfen bzw. an die Lehrverpflichtungsverordnung. Ich kann nur sagen, dass es meiner Fraktion ein großes Anliegen ist, dass wir über die Lehrverpflichtungsverordnung grundsätzlich noch einmal ins Gespräch kommen, auch wenn es sich um eine Verordnung handelt. Ich sehe Baustellen dadurch, dass verschiedene neue Personalkategorien eingeführt werden sollen und wir das einzige Bundesland sind, welches in der Lehrverpflichtungsverordnung bei den Akademischen Mitarbeiterinnen und Mitarbeitern nur regelt, dass diese 0 bis 24 SWS zu erbringen haben. Es wird hier nicht differenziert, während alle anderen Bundesländer dies ausführlicher regeln. Wir sind damit leider auch das einzige Bundesland, welches die entsprechende Kultusministerkonferenz-Empfehlung (KMK) nicht mehr einhält. Wie bewerten Sie das? Wir brauchen hier einfach, um zwischen den Bundesländern wettbewerbsfähig zu bleiben, vergleichbare Kriterien. Die aktuelle Lehrverpflichtungsverordnung wurde schon lange nicht mehr angerührt und ich hoffe sehr, dass wir hierzu ein

Fachgespräch im Ausschuss ermöglichen würden und Sie uns hierbei evtl. auch unterstützen könnten.

***Antwort** (Prof. Knopp):*
Wir haben einen neuen Regelungsmechanismus und teilweise auch einen sehr schwierigen – wie wir gesehen haben – im neuen Gesetz. Natürlich müsste man in diesem Zusammenhang prüfen, wie es um die untergesetzlichen Regelwerke bestellt ist bzw. ob diese noch so Bestand haben können. Auch kann man sich an den anderen Bundesländern orientieren, wie dies beim Promotionskolleg, welches in NRW bereits eingeführt wurde, der Fall war.

***Frage** (Herr Lehne, Kanzler der TH Wildau):*
Sie haben beim Promotionskolleg auch die Regelung, dass die Leistungsstärke der einzelnen Hochschullehrer/innen in Bezug auf Transfer oder Forschungsleistung bewertet wird, aufgeführt. Hiermit wurde eine Ausnahme geschaffen, an anderer Stelle wird ein besonderer Status bisher sonst noch nicht eingeräumt bzw. festgestellt. Mir fehlt die Bewertung, ob Sie das gut finden oder nicht, da Sie gleich auf die BTU übergegangen sind.
Dazu würde mich aber auch noch einmal Ihre Einschätzung in Bezug auf die Lehrverpflichtungsverordnung interessieren. Wäre es nicht ein großer Autonomiewurf, wenn wir als Hochschulen keinen Curricularwert hätten, keine Berechnungen, um Studienplätze kleinteilig zu definieren, sondern ausschließlich eine Festsetzung, in der definiert wird, was zu leisten wäre und der Weg dorthin ist Aufgabe der Hochschulen? Hochschulen könnten somit entscheiden, z.B. talentierten Lehrkräften – auch Hochschullehrerinnen und Hochschullehrern – mehr SWS zu übertragen (bspw. 18 + 2 SWS) und könnten somit bei anderen Lehrkräften von der SWS-Anzahl heruntergehen, ohne auf große Verfahren wie Transferprofessuren/Forschungsprofessuren zurückgreifen zu müssen. Dass die Hochschulen selbst bestimmen könnten: Ihr leistet euch diese Studienplätze, ihr leistet euch diese Studierenden und ihr zeigt Leistung in Forschung und Transfer.

***Antwort** (Prof. Knopp):*
Aus dem Blickwinkel von NRW: Die genaue Prüfung im Detail bei den einzelnen Personen ist in der Tat dem Promotionsrecht geschuldet, welches man dem Promotionskolleg verleiht. Denn es wird, wie gesagt, versucht, im Rahmen des Promotionskollegs Persönlichkeiten aus den einzelnen Fachhochschulen zu bekommen, die nach den Worten des Gesetzgebers aus wissenschaftlicher Sicht auch „verdient“ als originäre Promotionsbe-

treuende tätig werden sollen. Das ist der Hintergrund, den der Gesetzgeber vorschlägt. Bei den Universitätsprofessor/innen wird unterstellt, dass diese auch Dissertationen betreuen können „müssen“. Herr Kluth hat dies in seinen Ausführungen ebenfalls betont, das Promotionsrecht ist ein universitäres „Allgemeingut.“ Nach den gesetzlichen Regelungen zum Promotionskolleg - auch wenn dies ein komplizierter Mechanismus ist - ist jedenfalls im Einzelfall zu prüfen, ob die wissenschaftlichen Voraussetzungen analog zu einer universitären Professur vorliegen, um Promotionen betreuen zu können. So ist im Prinzip die Argumentation des Gesetzgebers.
Zu Ihrer zweiten Frage: Da haben Sie natürlich recht, es wäre ein „riesen“ Autonomiewurf. Solche großen „Würfe“ wird es aber in Brandenburg nicht geben. Vereinfacht ausgedrückt, dies konnte man bereits dem Vortrag von Herrn Kluth entnehmen, kann man sagen: Solange wir am „staatlichen Tropf“ hängen, werden staatliche Steuerungsmechanismen eingesetzt. Deswegen sind hier jedenfalls keine tiefgreifenden Änderungen zu erwarten. Bei den Fachhochschulen, in den Fachbereichen und Fakultäten, hat man die Problematik bereits gesehen. Ich könnte mir aber vorstellen, ohne dies hier jetzt vertieft und ausdifferenziert darzustellen, wie man Ihrem Anliegen Rechnung tragen könnte. Wenn man das Aufgabenprofil der Fachhochschulen stärken will, muss man natürlich auch an die Lehrverpflichtungsverordnung herangehen, dies hatte z.B. Frau Damus bereits angesprochen.

Auszüge aus dem Referentenentwurf

Begründung zum Gesetzesentwurf

A. **Allgemeiner Teil**
Mit dem vorliegenden Gesetz wird das Hochschulrecht des Landes Brandenburg weiterentwickelt.
Das Artikelgesetz enthält aufgrund des Umfangs der vorgesehenen Änderungen in Artikel 1 eine Neufassung des Brandenburgischen Hochschulgesetzes.
Mit Artikel 1 werden die rechtlichen Rahmenbedingungen für Wissenschaft und Forschung so weiterentwickelt, dass die Hochschulen unter Berücksichtigung gesellschaftlichen Wandels und neuen Herausforderungen ihre Aufgaben adäquat auf hohem Niveau erfüllen können. Dazu gehört auch, die Hochschulen in die Lage zu versetzen, ihre Potentiale voll ausschöpfen zu können, um im Wettbewerb national und international konkurrenzfähig zu bleiben. Dazu sieht das Gesetz Änderungen insbesondere in den folgenden Bereichen vor:

- Der Aufgabenkanon der Hochschulen wird ergänzt und an die aktuellen Herausforderungen angepasst (insbes. Digitalisierung, Nachhaltigkeit, Tierschutz).
- Die hochschulinterne Mitbestimmung wird gestärkt (insbes. Mitgliederinitiative, Promovierendenvertretung, studentische Vizepräsidentschaft).
- Den Fachhochschulen werden mit dem Promotionskolleg und der Qualifizierungsprofessur neue Instrumente zur Verfügung gestellt, die dem Ausbau der Forschungsqualität und der Gewinnung professoralen Personals dienen.
- Der Akademische Mittelbau wird nachhaltig gestärkt: Daueraufgaben sollen grundsätzlich in unbefristeten Beschäftigungsverhältnissen ausgeübt werden, neue Personalkategorien mit eigenen Karrierewegen eröffnen aussichtsreiche Perspektiven jenseits der Professur. Auch im nichtwissenschaftlichen Bereich wird mit der neuen Personalkategorie im Wissenschaftsmanagement ein Karriereweg geregelt.
- Die bestehende Organisationsautonomie für die Hochschulen wird durch eine modifizierte Erprobungsklausel flankiert.
- In der Weiterbildung erhalten die Hochschule zusätzliche Handlungsspielräume.

- Der Geschlechtergerechtigkeit, dem Schutz vor Diskriminierung und den Belangen der Barrierefreiheit wird Rechnung getragen.
- Der Landeshochschulrat unterstützt die Hochschulen mit erweiterten Beratungskompetenzen.
- Erforderliche Anpassungen an die verfassungsgerichtliche Rechtsprechung und aktuelle Rechtsentwicklungen werden vollzogen.

Außerdem besteht redaktioneller Anpassungsbedarf.
Mit Artikel 2 wird das Brandenburgische Hochschulzulassungsgesetz geändert, um aktueller Rechtentwicklung und Rechtsprechung zu entsprechen.
Mit der Änderung der Hochschulprüfungsverordnung (Artikel 3), der Änderung der Lehrverpflichtungsverordnung (Artikel 4) und der Änderung des Brandenburgischen Polizeihochschulgesetzes (Artikel 5) werden die dortigen Vorschriften an die vorgesehenen Änderungen im Brandenburgischen Hochschulgesetz angepasst.

§ 33 BbgHG-E (Promotionskolleg der Fachhochschulen; Verordnungsermächtigung)

(1) Das für die Hochschulen zuständige Mitglied der Landesregierung kann einer gemeinsamen wissenschaftlichen Einrichtung der Fachhochschulen zur Durchführung von Promotionen (Promotionskolleg) oder fachlich abgrenzbaren Teilen dieser Einrichtung auf Antrag der Fachhochschulen das Promotionsrecht verleihen. Die Errichtung des Promotionskollegs erfolgt durch eine Kooperationsvereinbarung der Fachhochschulen. Nach Maßgabe der Kooperationsvereinbarung können Hochschullehrerinnen und Hochschullehrer der Universitäten und der vom Land staatlich anerkannten Hochschulen an der Durchführung von Promotionen an dem Promotionskolleg mitwirken.

(2) Voraussetzung für die Verleihung des Promotionsrechts ist, dass
1. die dem Promotionskolleg zugeordneten Professorinnen und Professoren, soweit die Verleihung des Promotionsrechts beantragt wird, besondere Leistungen in der anwendungsbezogenen Forschung erbringen und eine angemessene Forschungsstärke nachweisen,
2. ihrer Anzahl nach eine hinreichend breite Vertretung des Fachs gewährleisten und
3. die Promotionsverfahren eine Gleichwertigkeit mit Promotionsverfahren an den Universitäten erwarten lassen.

Der erstmaligen Verleihung des Promotionsrechts und jeder Bestätigung der Verleihung geht eine Begutachtung voraus, in der das Vorliegen der Voraussetzungen nach Satz 1 geprüft wird. Die Begutachtung erfolgt durch eine von der für die Hochschulen zuständigen obersten Landesbehörde bestimmten geeigneten sachverständigen Einrichtung oder Gutachtergruppe aus mindestens fünf externen Wissenschaftlerinnen und Wissenschaftlern. Die Verleihung des Promotionsrechts und jede die Verleihung bestätigende Verlängerung erfolgt für längstens acht Jahre. Die Verleihung ist zu widerrufen, wenn die Voraussetzungen des Satzes 1 nicht mehr erfüllt sind und auch unter Auflagen nicht binnen eines Jahres wiederhergestellt werden können.

(3) Die Fachhochschulen errichten das Promotionskolleg durch eine Kooperationsvereinbarung, die insbesondere Regelungen trifft
1. zu den Aufgaben und Zielen des Promotionskollegs,
2. zu seiner Struktur, Organisation und Leitung,

3. zum Verfahren der Zuordnung von Hochschullehrerinnen und Hochschullehrern zum Promotionskolleg,
4. zu den Leistungskriterien, die dieser Zuordnung zugrunde liegen,
5. zur Zulassung der Zugangsberechtigten nach § 32 Absatz 4 zum Promotionskolleg,
6. zur Qualitätssicherung der Promotionsverfahren,
7. zur Zusammenarbeit mit den Universitäten und
8. zur Finanzierung des Promotionskollegs.

Die Brandenburgische Technische Universität Cottbus-Senftenberg kann sich an der Kooperationsvereinbarung beteiligen, um ausschließlich zur Mitwirkung an kooperativen Promotionsverfahren berechtigte Professorinnen und Professoren für anwendungsbezogene Studiengänge dem Promotionskolleg zuordnen zu können. Die Kooperationsvereinbarung bedarf der Genehmigung der für die Hochschulen zuständigen obersten Landesbehörde.

(4) Das für die Hochschulen zuständige Mitglied der Landesregierung kann Näheres zu den Voraussetzungen und zur Feststellung der Voraussetzungen für die Verleihung des Promotionsrechts sowie zum Verfahren nach Absatz 2 und im Einvernehmen mit den Fachhochschulen zur Rechtsform, Organisation und Struktur des Promotionskollegs durch Rechtsverordnung bestimmen.

Präsidium

§ 73 BbgHG-E (Präsidium)

(1) Die Grundordnung kann anstelle der Präsidentin oder des Präsidenten ein Präsidium als zentrales Hochschulorgan bestimmen. In diesem Fall nimmt das Präsidium die in diesem Gesetz der Präsidentin oder dem Präsidenten zugewiesenen Rechte und Pflichten sowie Aufgaben und Zuständigkeiten wahr, soweit dieses Gesetz keine abweichende Regelung trifft. Das Präsidium besteht aus der Präsidentin oder dem Präsidenten, der Kanzlerin oder dem Kanzler und, sofern vorgesehen, der hauptberuflichen Vizepräsidentin oder dem hauptberuflichen Vizepräsidenten oder mindestens einem weiteren Präsidiumsmitglied. Die Grundordnung kann weitere Mitglieder vorsehen. Die Amtszeit der Präsidiumsmitglieder beträgt sechs Jahre, die Amtszeit eines studentischen Präsidiumsmitglieds zwei Jahre. Soweit dieses Gesetz für die Präsidentin oder den Präsidenten, die Kanzlerin oder den Kanzler, für die hauptberufliche Vizepräsidentin oder den hauptberuflichen Vizepräsidenten sowie für ein studentisches Präsidiumsmitglied nicht besondere Regelungen trifft, regelt die Grundordnung Wahl und Abwahl der Mitglieder des Präsidiums.

(2) Die Präsidentin oder der Präsident führt den Vorsitz des Präsidiums und verfügt über die Richtlinienkompetenz. Bei Stimmengleichheit gibt ihre oder seine Stimme den Ausschlag. Sie oder er vertritt die Hochschule nach außen. Über die Geschäftsverteilung und Vertretung entscheidet das Präsidium auf Vorschlag der Präsidentin oder des Präsidenten. Die Geschäftsverteilung legt die Zuständigkeiten im Präsidium und die Entscheidungsverfahren für die Leitung der Hochschule fest. Näheres wird in der Geschäftsordnung des Präsidiums geregelt.

(3) Die Einrichtung eines Präsidiums als zentrales Hochschulorgan gemäß Absatz 1 durch die Grundordnung wird wirksam mit Ablauf der Amtszeit der zum Zeitpunkt der Änderung der Grundordnung gewählten Präsidentin oder des gewählten Präsidenten und muss mindestens 18 Monate vor Ablauf dieser Amtszeit von dem für die Änderung der Grundordnung zuständigen Organ der Hochschule beschlossen sein. Ist zum Zeitpunkt des Wirksamwerdens der Einrichtung des Präsidiums die Kanzlerin oder der Kanzler in ein Beamtenverhältnis auf Lebenszeit berufen, so findet auf sie oder ihn Absatz 1 Satz 5 keine Anwendung.

Kanzlerin oder Kanzler

§ 67 Kanzlerin oder Kanzler BbgHG (2014)	§ 75 Kanzlerin oder Kanzler BbgHG-E
(1) Die Kanzlerin oder der Kanzler leitet die Verwaltung der Hochschule unter der Verantwortung der Präsidentin oder des Präsidenten. Sie oder er ist Beauftragte oder Beauftragter für den Haushalt. (2) Die Kanzlerin oder der Kanzler wird von der Präsidentin oder dem Präsidenten bestellt. Wird die Kanzlerin oder der Kanzler aus einem Angestelltenverhältnis bestellt, übt sie oder er das Amt im Angestelltenverhältnis aus. Wird sie oder er aus einem Beamtenverhältnis auf Lebenszeit bestellt, so erfolgt die Berufung in ein Beamtenverhältnis auf Zeit; die allgemeinen beamtenrechtlichen Vorschriften über die Laufbahnen finden keine Anwendung. Die Amtszeit beträgt sechs Jahre, erneute Bestellungen sind möglich. (3) Die Kanzlerin oder der Kanzler muss einen wissenschaftlichen Hochschulabschluss, einen gleichwertigen Abschluss oder die Befähigung für eine Laufbahn des höheren Dienstes besitzen und eine mehrjährige verantwortliche Tätigkeit in der Verwaltung, der Rechtspflege	(1) Die Kanzlerin oder der Kanzler leitet die Verwaltung der Hochschule unter der Verantwortung der Präsidentin oder des Präsidenten oder im Fall des § 73 als Präsidiumsmitglied in eigener Verantwortung. Sie oder er ist Beauftragte oder Beauftragter für den Haushalt. (2) Die Kanzlerin oder der Kanzler wird von der Präsidentin oder dem Präsidenten bestellt. Wird die Kanzlerin oder der Kanzler aus eine Beamtenverhältnis auf Lebenszeit bestellt, erfolgt die Ernennung zunächst im Beamtenverhältnis auf Probe. Die Vorschriften über die Laufbahnen finden keine Anwendung. Die Probezeit beträgt zwei Jahre und kann nicht verlängert werden. Zeiten einer Beurlaubung ohne Dienstbezüge gelten nicht als Probezeit. Mit dem erfolgreichen Abschluss der Probezeit ist der Kanzlerin oder dem Kanzler das Amt im Beamtenverhältnis auf Lebenszeit zu übertragen. Im Übrigen gilt § 120 Absatz 7 des Landesbeamtengesetzes entsprechend; für Beamtinnen und Beamte des Landes gilt auch § 120 Absatz 5 des Landesbeamtenge-

oder der Wirtschaft ausgeübt haben. (4) Nach Ablauf der Amtszeit ist die Kanzlerin oder der Kanzler aus einem Beamtenverhältnis auf Zeit entlassen. Die Übernahme in den Landesdienst kann vereinbart werden; dies gilt auch für Kanzlerinnen und Kanzler im Angestelltenverhältnis. (5) Die Grundordnung kann bestimmen, dass an die Stelle der Kanzlerin oder des Kanzlers eine hauptberufliche Vizepräsidentin oder ein hauptberuflicher Vizepräsident tritt.	setzes entsprechend. Die Kanzlerin oder der Kanzler kann auf Vorschlag der Präsidentin oder des Präsidenten und nach Anhörung der Kanzlerin oder des Kanzlers aus wichtigem Grund von dem für die Hochschulen zuständigen Mitglied der Landesregierung abberufen werden. In diesem Fall ist sie oder er in ein gleichwertiges Amt mit mindestens demselben Endgrundgehalt im Landesdienst zu versetzen, ohne dass eine hierfür erforderliche Laufbahnbefähigung vorliegen muss. Maßnahmen nach dem Landesdisziplinargesetz bleiben unberührt. Wird die Kanzlerin oder der Kanzler nicht aus einem Beamtenverhältnis auf Lebenszeit bestellt, übt sie oder er das Amt im Angestelltenverhältnis aus. Eine Übernahme in den allgemeinen Landesdienst kann im Fall einer befristeten Bestellung, an die sich keine erneute Bestellung anschließt, mit Zustimmung der für die Hochschulen zuständigen obersten Landesbehörde vereinbart werden. (3) Leitet ein Präsidium als zentrales Hochschulorgan die Hochschule, wird die Kanzlerin oder der Kanzler aufgrund des Wahlvorschlages einer Findungskommission vom zuständigen Organ der Hochschule

für sechs Jahre gewählt und von dem für die Hochschulen zuständigen Mitglied der Landesregierung bestellt; § 71 Absatz 2 Satz 2 bis 6 findet entsprechend Anwendung mit der Maßgabe, dass zusätzlich die Präsidentin oder der Präsident Mitglied der Findungskommission ist. Die Wiederwahl ist zulässig. Eine Übernahme in den Landesdienst nach Ende der Amtszeit kann mit Zustimmung der für die Hochschulen zuständigen obersten Landesbehörde vereinbart werden. Wird die Kanzlerin oder der Kanzler aus einem Beamtenverhältnis bestellt, so wird sie oder er in das Beamtenverhältnis auf Zeit berufen; die allgemeinen beamtenrechtlichen Vorschriften über die Laufbahnen finden keine Anwendung. Im Falle einer Beamtin oder eines Beamten des Landes im Beamtenverhältnis auf Lebenszeit ruht dieses Dienstverhältnis für die Dauer der Amtszeit. Mit Ablauf der Amtszeit ist die Kanzlerin oder der Kanzler aus dem Beamtenverhältnis auf Zeit zu entlassen. Wird die Kanzlerin oder der Kanzler nicht aus einem Beamtenverhältnis bestellt, übt sie oder er das Amt im Angestelltenverhältnis aus. Einer Beschäftigten oder einem Beschäftigten im

	Landesdienst ist für die Dauer der Amtszeit auf Antrag Sonderurlaub unter Verzicht auf die Fortzahlung des Entgelts zu gewähren; § 4 Absatz 6 des Landesbeamtengesetzes findet keine Anwendung. (4) Die Kanzlerin oder der Kanzler muss einen wissenschaftlichen Hochschulabschluss, einen gleichwertigen Abschluss oder die Befähigung für eine Laufbahn des höheren Dienstes besitzen und eine mehrjährige verantwortliche Tätigkeit in der Verwaltung, Rechtspflege oder Wirtschaft ausgeübt haben. (5) Leitet ein Präsidium als zentrales Hochschulorgan die Hochschule, kann die Grundordnung bestimmen, dass an die Stelle der Kanzlerin oder des Kanzlers eine hauptberufliche Vizepräsidentin oder ein hauptberuflicher Vizepräsident tritt.

Studentischer VP

§ 17 Abs. 7 BbgHG-E (Studierendenschaft)

(7) Besteht an einer Hochschule ein Präsidium oder ein vergleichbares zur Unterstützung der Präsidentin oder des Präsidenten der Hochschule vorgesehenes, gewähltes Leitungsgremium, so schlägt die Präsidentin oder der Präsident nach Anhörung des obersten beschlussfassenden Organs der Studierendenschaft dem zuständigen Organ der Hochschule ein Mitglied der Studierendenschaft zur Wahl in das Leitungsgremium vor. Das Nähere bestimmt die Grundordnung. Dem studentischen Mitglied des Leitungsgremiums werden Auslagen und Reisekosten nach Maßgabe des § 63 des Beamtengesetzes für das Land Brandenburg vom 3. April 2009 (GVBl. I S. 26), das zuletzt durch das Gesetz vom 17. Dezember 2021 (GVBl. I Nr. 38) geändert worden ist, erstattet.

§ 73 Abs. 1 BbgHG-E (Präsidium)

(1) Die Grundordnung kann anstelle der Präsidentin oder des Präsidenten ein Präsidium als zentrales Hochschulorgan bestimmen. In diesem Fall nimmt das Präsidium die in diesem Gesetz der Präsidentin oder dem Präsidenten zugewiesenen Rechte und Pflichten sowie Aufgaben und Zuständigkeiten wahr, soweit dieses Gesetz keine abweichende Regelung trifft. Das Präsidium besteht aus der Präsidentin oder dem Präsidenten, der Kanzlerin oder dem Kanzler und, sofern vorgesehen, der hauptberuflichen Vizepräsidentin oder dem hauptberuflichen Vizepräsidenten oder mindestens einem weiteren Präsidiumsmitglied. Die Grundordnung kann weitere Mitglieder vorsehen. Die Amtszeit der Präsidiumsmitglieder beträgt sechs Jahre, die Amtszeit eines studentischen Präsidiumsmitglieds zwei Jahre. Soweit dieses Gesetz für die Präsidentin oder den Präsidenten, die Kanzlerin oder den Kanzler, für die hauptberufliche Vizepräsidentin oder den hauptberuflichen Vizepräsidenten sowie für ein studentisches Präsidiumsmitglied nicht besondere Regelungen trifft, regelt die Grundordnung Wahl und Abwahl der Mitglieder des Präsidiums.

§ 80 BbgHG-E (Organisatorische Grundeinheiten; Verordnungsermächtigung)

(1) Organisatorische Grundeinheiten der Hochschulen für Lehre und Forschung sind Fachbereiche, Fakultäten oder andere geeignete Strukturen. Die Vorschriften über Fachbereiche finden auf Fakultäten oder andere organisatorische Grundeinheiten entsprechende Anwendung.
(3) Größe, Abgrenzung und fachlicher Zuschnitt der Fachbereiche müssen gewährleisten, dass die dem Fachbereich obliegenden Aufgaben angemessen erfüllt werden können.
(4) Die Gründung und Auflösung von Fachbereichen ist der für die Hochschulen zuständigen obersten Landesbehörde anzuzeigen.
(5) Die Hochschulen können zur gemeinsamen Aufgabenwahrnehmung mit Zustimmung der in der Grundordnung bestimmten Organe aufgrund einer Vereinbarung gemeinsame Organisationseinheiten, insbesondere Fachbereiche bilden. Dies ist auch mit Forschungseinrichtungen außerhalb der Hochschule, mit staatlich anerkannten Hochschulen oder mit staatlichen oder staatlich anerkannten Hochschulen aus anderen Staaten oder Ländern der Bundesrepublik Deutschland möglich, soweit die Rechtsvorschriften des Sitzlandes der kooperierenden Einrichtung dies zulassen und die Qualitätssicherung seitens des Sitzlandes der kooperierenden Einrichtung gewährleistet ist. In der Vereinbarung sind Struktur, Organisation, Leitung und Selbstverwaltung der gemeinsamen Organisationseinheit festzulegen, insbesondere
   1. das Zusammenwirken der beteiligten Hochschulen sowie deren Zuständigkeiten in Bezug auf die gemeinsame Organisationseinheit einschließlich der Ausübung der Aufsicht,
   2. die Organisation der gemeinsamen Organisationseinheit, insbesondere ihrer Organe und Zuständigkeiten,
   3. die körperschafts- und dienstrechtliche Zuordnung des im Bereich der gemeinsamen Organisationseinheit tätigen Personals sowie
   4. die mitgliedschaftsrechtliche Zuordnung der Studierenden.

   Die Vereinbarung bedarf der Genehmigung der für die Hochschulen zuständigen obersten Landesbehörde. § 84 bleibt unberührt.
(5) Das für die Hochschulen zuständige Mitglied der Landesregierung kann auf Antrag einer Hochschule zur Stärkung ihrer akademischen oder wirtschaftlichen Leistungsfähigkeit oder ihrer Selbstverwaltung

im Benehmen mit dem Landeshochschulrat durch Rechtsverordnung organisatorische Strukturen zulassen, die Abweichungen von den Vorschriften dieses Abschnitts und des Abschnitts 10 dieses Gesetzes erfordern. Der Antrag der Hochschule setzt einen entsprechenden Beschluss des zuständigen, nach Mitgliedergruppen zusammengesetzten Organs voraus. Nach einer Erprobungszeit von mindestens fünf Jahren können die organisatorischen Strukturen nach Maßgabe der Rechtsverordnung mit Zustimmung des Landtags verstetigt werden.

Gute Arbeit in der Wissenschaft – Diskussion, Dialoge und Entwicklungen im Land und Bund – ein Arbeitsbericht

Jan Hauke Plaßmann

Stand der Novellierung des Brandenburger Hochschulgesetzes: Es gibt verschiedene Schwerpunktbereiche im aktuellen Novellierungsvorschlag. Der Referentenentwurf ist relativ weit ausgearbeitet. Gleichzeitig ist weder die Landesregierung noch das MWFK selbst der Gesetzgeber und daher wird auch dieser Gesetzesvorschlag zunächst, sobald er in der Landesregierung abgestimmt ist, im Parlament eingereicht und dort besprochen sowie beschlossen. Im parlamentarischen Verfahren können prinzipiell noch grundlegende Änderungen eintreten. Vor 1 ½ Jahren wurden bspw. bei der Novellierung des Berliner Hochschulgesetzes beim Thema „Gute Arbeit" grundlegende Änderungen erst im parlamentarischen Verfahren beschlossen. Daher bezieht sich der vorliegende Vortrag, wie der Titel bereits besagt, auf die Diskussionsprozesse, die zu den Regelungsinhalten geführt haben, wie sie sich bisher in der Novelle niederschlagen.

Die Entwicklungen im Land Brandenburg im Einzelnen: Die 2019 neu gewählte Landesregierung hat in ihrem Koalitionsvertrag das Thema „Gute Arbeit in der Wissenschaft" als einen zentralen Bereich ausgewiesen. Zudem wurde dort der Auftrag formuliert, einen umfassenden und strukturierten Dialogprozess "Gute Arbeit in der Wissenschaft" durchzuführen und die Ergebnisse in verschiedene Regelungsinhalte zu übersetzen. Der Landtag hat diesen Auftrag, den sich die Regierung auch selbst bereits zu eigen gemacht hatte, noch einmal bekräftigt und detaillierter ausgearbeitet, sodass das Ministerium für Wissenschaft, Forschung und Kultur des Landes Brandenburg (MWFK) eine starke öffentliche und demokratische Legitimation für die Durchführung des Dialogprozesses hatte. Daraufhin bzw. parallel hierzu haben wir im Wissenschaftsministerium bereits damit begonnen, den Dialogprozess „Gute Arbeit in der Wissenschaft" aufzusetzen und den Dialog auf eine längere Zeit anzulegen. Die großzügige Terminierung war notwendig, da wir auf der einen Seite einen sehr großen Teilnehmerkreis haben bzw. hatten (siehe Folie 2). Mit diesem großen Teilnehmerfeld wurden die verschiedenen Interessen, die bei diesem umfassenden Thema präsent sind, eingebunden, um sie ins Gespräch zu bringen und zudem diesen verschiedenen Interessen Gehör zu verschaffen. Zu Beginn des Dialogprozesses wurde eine Umfrage unter den Teilnehmenden gestartet, um zu erfahren, welches die wichtigsten Leitthemen aus Sicht der Betroffenen sein sollen. Mit den Ergebnissen der Befragung haben wir sodann thematische Cluster gebildet, die verschiedene umfangreiche Themenfelder ergeben haben (siehe Folie 4). Dringendste Themen waren die Frage nach klaren Karriereperspektiven in der Wissenschaft, die Frage nach unbefristeten Beschäftigungsmöglichkeiten nach der Promotion, aber auch Diskussionen zur Vertragsausgestaltung, wie zur Ausgestaltung der Lehre, oder strukturelle Fragen u.a. zur Finanzierung dieser personalrechtlichen Themengebiete. Aufgenommen wurde ebenfalls das Thema der gleichen Teilhabe an der Wissenschaft, also die Diskussion um die Chancengerechtigkeit von verschiedenen Statusgruppen. Gesprochen wurde zudem über die Belange studentischer Beschäftigter und deren Arbeitsverhältnisse sowie zu Strukturen und Arbeitsbedingungen von Drittmittelbeschäftigten. Wir sind sehr froh, dass wir den umfassenden Themenkatalog erfolgreich und mit allen Teilnehmenden diskutieren und bearbeiten konnten und aus den Ergebnissen der Diskussion Aufträge und Inhalte für bspw. die Hochschulgesetznovelle gewonnen werden konnten. Unser Ziel war es, im gemeinsamen Dialog zu analysieren, wie der derzeitige Stand ist, also eine Ist-Stand-Erhebung. Dazu haben wir zu den verschiedenen Themen empirische Daten erhoben, zusammengetragen und Positionspapiere ausgetauscht, um zu analysieren, wo wir aktuell im Land bei den angesprochenen Themen stehen. In einem zweiten Schritt wollten wir ausloten, welche Reformnotwendigkeiten auf welchen Ebenen bestehen (z.B. im Brandenburgischen Hochschulgesetz oder in den anstehenden neu zu verhandelnden Hochschulverträgen sowie an den Hochschulen selbst).

Diese Themenbereiche sind äußerst umfangreich, daher wird sich im vorliegenden Arbeitsbericht auf diejenigen Regelungsinhalte konzentriert, die auch in den vorliegenden Referentenentwurf für die Novelle eingeflossen sind: Dies betrifft vor allem die Fragen nach den unbefristeten Beschäftigungsverhältnissen im Anschluss an die Promotion sowie strukturierte und planbare Karrierewege in der Wissenschaft auch jenseits der Professur. Die Analyse des Ist-Standes hat in diesem Themenbereich relativ deutlich gezeigt, dass eine Entscheidung über mögliche langfristige Karrieren in der Wissenschaft, nicht nur im Land Brandenburg, sondern auch andernorts, vergleichsweise spät fällt. Wir haben hier verschiedene Daten national wie auch landesweit analysiert (bspw. auch die Daten des Bundesberichts wissenschaftlicher Nachwuchs, wie auch eigene Erhebungen) mit dem Ergebnis, dass erst ab einem Durchschnittsalter von 41 bis 42 Jahren über langfristige Karriereoptionen in der Wissenschaft entschieden wird. Das ist im Vergleich zu allen anderen Segmenten des Arbeitsmarktes sehr spät. Trotz offensichtlichen wissenschaftlich-immanenten Gründen führt dies zu individuellen und normativen Problemen, die der öffentliche Mittel- und Gesetzgeber nicht negieren kann. Damit zusammenhängend haben wir festgestellt, dass im bundesweiten sowie im brandenburgischen Hochschulsystem – gerade auch im internationalen Vergleich mit den Strukturen des angloamerikanischen Wissenschaftssystems oder auch mit anderen westeuropäischen Systemen – ein relativ geringes Angebot für planbare attraktivere Karrierewege in der Wissenschaft relativ zeitnah nach der Promotion und jenseits der Professur existiert. Somit ist ein Missverhältnis, auch im Vergleich zu anderen Wissenschaftssystemen, zu diagnostizieren, das es aufgrund dieser Analyse zu bearbeiten galt und gilt. Bundesweit, auch dies haben wir empirisch erhoben, weist das Land Brandenburg derzeit eine leicht unterdurchschnittliche Entfristungsquote bei den durch Haushaltsmitteln finanzierten wissenschaftlichen Beschäftigten an den Hochschulen aus. Das durch Drittmittel beschäftigte Personal ist hingegen aufgrund der Pluralität der verschiedenen Drittmittelgeber und auch durch die jeweils zeitliche Gebundenheit der Projekte anders zu betrachten. Über die spezifischen Herausforderungen der Drittmittel für die Beschäftigten und die Beschäftigungsstrukturen wurde jedoch ebenfalls eingehend im Dialogprozess diskutiert, nur lassen sich bei diesem Thema keine unmittelbaren landesrechtlichen Anknüpfungspunkte finden.

Aus unseren gemeinsamen Bestandserhebungen lässt sich ebenfalls ablesen, dass der Anteil der Wissenschaftlerinnen am wissenschaftlichen Personal mit jedem Karriereschritt in der Wissenschaft sukzessive abnimmt. Die aktuelle Statistik zeigt, dass relativ zeitnah nach der Promotion die Quote der Wissenschaftlerinnen im System erkennbar abnimmt – dieser Effekt vergrößert sich mit jedem weiteren Karriereschritt in der Wissenschaft. In verschiedenen Programmen, wie bspw. dem Bund-Länder-Programm „Tenure-Track", wird zwar Wert daraufgelegt, dass eine Geschlechterparität hergestellt wird, gleichzeitig haben unsere Erhebungen sowie weitere quantitative sozialwissenschaftliche Analysen relativ eindeutig dokumentiert, dass die zu beobachtende Abnahme von Wissenschaftlerinnen auf späteren Karrierestufen auch und besonders an der mangelnden Planbarkeit von derzeitigen wissenschaftlichen Karrieren liegt. Wissenschaft als Beruf wird vor allem von Frauen aufgegeben, die sich in einem Alter befinden, in dem oftmals bei Akademikerinnen die Familiengründung stattfindet.

Diese zusammenhängenden dargelegten Befunde sind aus unserer Sicht natürlich nicht zufriedenstellend: Im Zuge der demographischen Entwicklung, die alle Arbeitgeber vor die Herausforderungen stellt, qualifiziertes Personal zu finden – und auch vor dem Hintergrund, dass eine Vielzahl öffentlicher Mittel eingesetzt werden, um Wissenschaftlerinnen zu Spezialistinnen in ihrem Fachgebiet auszubilden, nur um sie dann, wenn sie tatsächliche Spezialistinnen sind, wieder zu verlieren – ist dieser Umstand nicht tragbar. Es sei noch angemerkt, dass viele Bestandteile dieser Diagnose auf das gesamte Bundesgebiet zutreffen, aber eben auch auf das Land Brandenburg. Von dieser Diagnose ausgehend haben wir verschiedene Regulierungsansätze analysiert, diskutiert und letztendlich gewählt, die sich jetzt, auf Vorschlag des MWFK, zur Novellierung des Brandenburgischen Hochschulgesetzes niederschlagen: Wir sind überzeugt, dass eigenständige, planbare Karrierewege im Anschluss an die Promotion auch jenseits der Professur im Brandenburger Wissenschaftssystem eingeführt werden sollten. Wir möchten den Hochschulen hierfür hochschulgesetzlich die Möglichkeit anbieten, mit sog. Junior-Dozent/innen, gebräuchlicher sind die angloamerikanischen Begriffe (Senior-)Lecturer und (Senior-)Researcher, vergleichsweise zeitnah nach der Promotion, bei Erfüllung vorab definierter Leistungsmerkmale, attraktive dauerhafte Stellen in der Wissenschaft einzuführen. Diese Stellen werden verbunden mit einer Spezialisierung in Lehre oder Forschung oder einer Karriereoption im Wissenschaftsmanagement. In den letzten Jahren ist in dem Bereich des Wissenschaftsmanagements eine Professionalisierung erkennbar, welche alle Felder des Wissenschaftssystems betrifft (Hochschulen, außeruniversitäre Forschungseinrichtungen, intermediäre Organisationen). Diese Professionalisierung als gesetzlich ausgewiesenen Karriereweg zu unterstützen, erschien im Zuge des Dialogprozesses „Gute Arbeit in der Wissenschaft“ ein geeigneter Weg, um dieses sich etablierende Berufsbild als strukturierte, professionalisierte, planbare Karriereoption einzurichten.

Auf diesem skizzierten Weg, früh nach der Promotion eine zunächst befristete, mit klaren Leistungsmerkmalen zur Qualifizierung versehene Anstellung auf einem Karriereweg, können verschiedene Spezialisierungen nach der Promotion in Lehre/Forschung/Wissenschaftsmanagement eingeschlagen werden. Eine Entscheidung über den Verbleib in der Wissenschaft fiele somit deutlich früher als in den bisherigen unstrukturierten Karrierewegen. Zudem wären klare Qualifizierungen in klaren zeitlichen Fristen mit diesen Stellenprofilen verbunden. Die Karrierewege jenseits der Professur werden mit klaren Leistungsindikatoren versehen und bei Erfüllung dieser Leistungsindikatoren erfolgt der automatische Übergang in eine dauerhafte Beschäftigung. Um dem erwartbaren Kritikpunkt entgegenzutreten, dass nach dieser Spezialisierung das Ende des Karriereweges beschritten ist und dieser nur von Personen eingeschlagen wird, die einen klassischen Weg hin zur Professur aufgrund ihrer Leistungen nicht einschlagen konnten, soll in diesen Personalkategorien eine weitere Entwicklungsperspektive eingeführt werden, d.h. diese Juniorpositionen sollen nach der Verstetigung und dem Nachweis der Spezialisierung zum sog. „Senior Researcher oder Lecturer" bzw. zu Dozentinnen und Dozenten mit höherwertigen Aufgaben aufsteigen können. Zu diesen Entwicklungsmöglichkeiten ist noch anzumerken, dass Personen, die sich in diesen Fachbereichen spezialisiert haben und erfolgreich diesen aufsteigenden Karriereweg durchlaufen haben, natürlich auch weiterhin die Möglichkeit besitzen, sich auf Professuren oder andere Stellen zu bewerben. Das Land Bremen hat diese Personalkategorien bereits vor einigen Jahren eingeführt. Die dortigen ersten empirischen Daten belegen, dass diese Karrierewege kein „Stoppschild" für die Karriere sind, sondern sich sehr gute und ausgewiesene junge Wissenschaftler/innen auf diese Stellen bewerben. Zu beobachten ist ebenfalls, dass die Wissenschaftler/innen, die diesen Karriereweg einschlagen, sehr gute Chancen haben, im Zuge von Berufungsverfahren Professor/innen zu werden, so sie dies anstreben.

Dies ist der erarbeitete Vorschlag, der in der aktuellen Novellierung berücksichtigt werden soll, um den gegenwärtigen Strukturen und damit verbundenen Problembereichen entgegenzuwirken. Damit zusammenhängend ist noch die Einführung von Qualifizierungsprofessuren an den Hochschulen für Angewandte Wissenschaften (HAWs) zu nennen. Mit deren Einführung soll den oben beschriebenen Problemkomplexen und dem Fachkräftemangel, der gerade an technischen HAWs auch im Dialogprozess noch einmal explizit analysiert wurde, entgegengewirkt werden. Die Problematik besteht darin, promoviertes, versiertes, technisches Personal zu finden und dabei notwendigerweise mit dem freien wirtschaftlichen Arbeitsmarkt zu konkurrieren. Die Personalgewinnung wird durch die Berufungsvoraussetzungen für HAWs nochmals erschwert: die Erfordernisse einer Promotion, der eigenständigen Forschung und ausreichender Erfahrung in der Praxis. Daher schlägt das MWFK vor, die sog. Qualifizierungsprofessur an HAWs einzuführen, bei der eine der beiden Berufungsvoraussetzungen (Forschung oder berufspraktische Erfahrung) erbracht werden kann, während der oder die Wissenschaftler/in bereits (ähnlich wie bei einer Tenure-Track-Professur) bei der jeweiligen Hochschule angestellt ist, um bei Erreichen dieser Qualifizierung automatisch entfristet zu werden. Angestrebt wird somit ein Beitrag zur Fachkräftesicherung und zu nachhaltigen Karrierewegen in der Wissenschaft, speziell für die Erfordernisse der HAWs im Land.

Nicht alle Themen und Reformvorschläge, die im Dialogprozess „Gute Arbeit in der Wissenschaft" diskutiert wurden, können hochschulgesetzlich geregelt werden. Daher streben wir auch jenseits der Gesetzesnovelle Umsetzungen der Ergebnisse aus dem Dialogprozess an. Mitte 2023 beginnen bspw. die Verhandlungen zu den neuen Hochschulverträgen im Land. Im Rahmen dieser Verhandlungen sollen o.g. Themenbereiche ebenfalls eingebracht werden. Zudem sollen die Ziele aus dem Dialogprozess in die Verpflichtungserklärung des Landes gegenüber dem Bund zum Einsatz der Mittel aus dem Bund-Länder-Zukunftsvertrag „Studium und Lehre stärken" aufgenommen werden. Hier ist als wichtigste, aber auch kontroverseste Maßnahme zu nennen, dass wir eine schrittweise, individuell nach Hochschule gestaffelte, Erhöhung der Quote des dauerhaft beschäftigten wissenschaftlichen Personals anstreben. Wir möchten sukzessive eine Quote von mindestens 40% haushaltsfinanzierter dauerhaft beschäftigter Wissenschaftler/innen im sog. Mittelbau erreichen. Diese Zielstellungen sollen hochschulindividuell und somit zum Profil und Ausgangspunkt der Hochschulen passend in den anstehenden Hochschulverträgen besprochen und aufgenommen werden. Unsere Erhebungen haben, wie bereits angesprochen, ergeben, dass die Zahlen in Brandenburg hierzu derzeit noch leicht unterdurchschnittlich sind. Die formulierte Zielstellung soll nicht pauschal auf jede Hochschule umgelegt werden, sondern jede Hochschule soll einzeln betrachtet werden (Auswertung der Konzepte sowie des derzeitigen Anteils des dauerhaft beschäftigten wissenschaftlichen Personals, Betrachtung der realistischen Möglichkeiten zur Erhöhung der Quote). Durch die geplante sukzessive Erhöhung der Quote von 40 % haushaltsfinanziertem wissenschaftlichen Personals können wir einen deutlichen Aufwuchs des dauerhaft beschäftigten wissenschaftlichen Personals an den Hochschulen verzeichnen, die zudem hochschulindividuell und über mehrere Jahre gestreckt erfolgen soll. Diese Maßnahmen sollen jedoch, wie ausgeführt, außerhalb der Hochschulgesetzesnovelle umgesetzt werden.

Eine Hochschulgesetznovelle speist sich nicht nur aus den Diskussionen, die in dem jeweiligen Bundesland stattfinden, sondern auch aus politischen Entwicklungen, die über die eigenen Landesgrenzen hinausgehen. Bei dem Thema „Gute Arbeit in der Wissenschaft" ist dies sehr evident: beispielhaft sei hier das Schlagwort bzw. der Hashtag „#IchbinHanna" genannt. Seit einiger Zeit hat diese wissenschaftspolitische Fragestellung eine enorme öffentliche Resonanz erfahren, die sich bis heute fortgesetzt hat. Unter diesem Hashtag findet man verschiedenste individuelle Berichte, die die strukturellen Probleme beschreiben, die auch bei uns im Land im Dialogprozess analysiert wurden. Zu diesen Fragen gibt es derzeit und gab es auch schon seit längerer Zeit intensive Gespräche und Abstimmungen zwischen den Ländern in der Kultusministerkonferenz (KMK). Hieraus hervorgehend gibt es mittlerweile auch Festlegungen in verschiedenen Koalitionsverträgen auf Landesebene, die in ähnliche Richtungen weisen, wie wir sie hier im Land Brandenburg bereits umsetzen wollen. Aber auch in manchen bestehenden oder sich gerade in der Novellierung befindenden Hochschulgesetzen anderer Länder sind diese Lösungsansätze für planbarere Karrierewege in der Wissenschaft bereits enthalten. In NRW, Sachsen, Berlin und Bremen gibt es z.B. bereits Reformen zu den oben angesprochenen Problembereichen bzw. Ideen oder erste Vorüberlegungen zur Einführung früherer planbarer Karrierewege auch jenseits der Professur. Im Bund wird diese Diskussion natürlich ebenfalls geführt, vor allem vor dem Hintergrund der anstehenden Novelle des Wissenschaftszeitvertragsgesetzes (WissZeitVG). Auch im Koalitionsvertrag der amtierenden Bundesregierung wurden Reformanstöße für die Überarbeitung des WissZeitVG aufgenommen, sodass sich dieses Gesetz derzeit ebenfalls in einer Novellierung befindet, welche u.a. durch die Kollegen des Bundesministeriums für Bildung und Forschung (BMBF) erarbeitet wird. Ein Referentenentwurf hierzu soll voraussichtlich in diesem Jahr vorgelegt werden, um in die öffentliche und in die Diskussion mit den Ländern einzusteigen.

Diskussion

***Anmerkung** (Prof. Grande):*
Es fällt natürlich auf, dass die Beteiligung der Wissenschaft im engeren Sinne in Ihrem Gremium absolut in der Minderheit war, um nicht von einer gewissen strukturellen Diskriminierung zu sprechen. Es ist auch bekannt, dass die Positionen in diesem Dialogprozess bis zum Schluss unversöhnlich geblieben sind und auch auf Bundesebene Positionen der Vertreter/innen der Hochschulen – ob jetzt die HRK oder andere Organisationen – immer wieder auf die Gefahren, die mit einem solchen Prozess für die Leistungsfähigkeit und den Auftrag der Hochschulen verbunden sind, hingewiesen haben. Ich will jetzt nicht monologisieren, aber das ist eines der Dinge, die meines Erachtens viel zu wenig Berücksichtigung fanden. Es entsteht immer wieder der Eindruck, dass die Wissenschaftler/innen, die irgendwann die Universität oder die Hochschule verlassen müssen, arme Kreaturen sind, das wird insbesondere immer wieder im Zusammenhang mit den Drittmittelbeschäftigten diskutiert, aber es ist nun einmal unsere Aufgabe als Hochschulen und Universitäten, ungefähr 90 % unserer Nachwuchswissenschaftler/innen in die Praxis zu entlassen und nicht an den Hochschulen zu halten. Insofern ist das von vorneherein die Karriereperspektive, die für 90 % aller jungen Leute klar ist. Dass sich das über verschiedene Erfahrungen in diesem Wissenschaftssektor erst herausstellt, ist meines Erachtens eher ein Privileg, weil in gewisser Weise Wissenschaft auch etwas ist wie Kunst, nur in der Kunst muss man sich früh entscheiden und kann dann scheitern. In der Wissenschaft hat man dagegen viel Gelegenheit zu probieren, zu sehen, wo die Interessen und Motivationen liegen, um dann eben auch über bestimmte Karrierewege zu entscheiden. Ich weiß, die Meinungen hierzu sind sehr unterschiedlich, weshalb hiermit auch die Diskussion eröffnet wird.

***Frage** (Name und Funktion nicht angegeben):*
Gibt es Lösungen für eine dauerhafte oder langfristige Beschäftigung von drittmittelfinanziertem wissenschaftlichem Personal? Diese Kolleg/innen haben aktuell, selbst bei herausragenden Leistungen, kaum eine langfristige Perspektive.

***Antwort** (Dr. Plaßmann):*
Diese Problematik wurde von uns bereits angesprochen, in der aktuellen Gesetzesnovelle sollen Lösungen angeboten werden, die sich an durch Haushaltsmittel finanzierte Personalkategorien richten. Drittmittel werden meistens vom Bund, der Deutschen Forschungsgemeinschaft (DFG) oder

der EU durch Ausschreibungen und Initiativen gewährt, weshalb wir uns hier in einer Sondersituation befinden, da diese Drittmittel an Projekte und somit an gewisse Zeiträume gebunden sind, sodass dann auch die Finanzierung dieser Personalmittel, die mit den eigeworbenen Forschungsprojekten zusammenhängen, endet. Es gibt mittlerweile an einigen Hochschulen bundesweit Versuche, mit gewissen „Pooling-Lösungen" dauerhafte Beschäftigung auch im Drittmittelbereich sicherzustellen, d.h. z.B. durch Overhead-Mittel, die in einen gewissen Finanzierungspool fließen sollen, aus welchem die Mitarbeitenden bezahlt werden, wenn gerade kein Projekt eingeworben wurde oder wenn gerade keine Projektmittel zur Verfügung stehen. Dies muss immer vor dem Hintergrund der weiteren Mitteleinwerbung erfolgen. An einigen Hochschulen gibt es dies bereits auf Fakultäts- oder Fachbereichsebene, an einer einzigen Hochschule wurde dieses System bereits hochschulweit eingeführt. Hiermit geht die Voraussetzung einher, dass über zehn Jahre hinweg erfolgreich Drittmittel eingeworben wurden und dies auch weiterhin erfolgt. Ziel dieser Pooling-Lösung ist, dass ca. 20 % der Mitarbeitenden in diesem Bereich auch dauerhaft angestellt werden. Es gibt relativ komplexe Vorbedingungen, damit dies überhaupt geschehen kann, was die Rücklagenbildung, aber auch arbeitsrechtliche Fragen oder Finanzierungsfragen betrifft, sodass wir uns im Dialogprozess dazu verständigt haben, dass wir einen kleinen Expertinnen- und Expertenkreis in Brandenburg gründen wollen, um ganz offen über die Bedingungen zu diskutieren, sich diese im Detail anzuschauen, wann z.B. eine solche Pooling-Lösung gelingen könnte und welche Regelungen hierfür notwendig sind. Die Fachbereiche an den Brandenburger Hochschulen, die an solchen Lösungsmechanismen Interesse hätten, müssten auch die strukturellen Voraussetzungen erfüllen. Das ist natürlich eine relativ „weiche" Antwort auf die Frage, aber in diesem Kontext muss auch die unterschiedliche Struktur von haushalts- und drittmittelfinanziertem Personal beachtet werden. Selbstverständlich können die drittmittelfinanzierten akademischen Mitarbeitenden sich u.a. auch auf haushaltsfinanzierte Stellen der zuvor skizzierten Karrierewege bewerben, die im Zuge der Gesetzesnovelle implementiert werden sollen, um einen solchen auf Dauer angelegten beruflichen Weg in der Wissenschaft einzuschlagen.

Frage *(Name und Funktion nicht angegeben):*
Ich war Teilnehmer dieses Dialogprozesses und sehe auch die Unversöhnlichkeit in ein paar Bereichen, da gebe ich Ihnen recht, aber nicht überall. Es gibt Dinge, bei denen wir durchaus auch einvernehmlich zusammengefunden

haben. Ich möchte noch einmal auf Ihre Quote von 40 % zurückkommen. Sie haben festgestellt, dass diese Quote leicht unterdurchschnittlich ist im Bundesvergleich, sind dann aber sofort darauf gekommen, dass wir alle Hochschulen einzeln betrachten müssen, aber wir müssten es dennoch überall anheben. Gibt es denn deutliche Unterschiede und gibt es Hochschulen – ohne vielleicht Namen zu nennen – die erkennen lassen, ob eine solche Quote, die im Bundesdurchschnitt liegt, bereits erreicht wurde und dass dort übersichtsweise kein Handlungsbedarf mehr besteht?

***Antwort** (Dr. Plaßmann):*
Bei den geführten Diskussionen waren Sie durchgängig dabei. Es gibt, das hatte ich eben auch angesprochen, Unterschiede zwischen den Hochschulen in Brandenburg. Sie kommen von einer kleineren Hochschule für Angewandte Wissenschaften, dort sind die Entfristungsquoten höher als an anderen Hochschultypen. Auch Universitäten unterscheiden sich teilweise substantiell. Wir hatten auch immer klar definiert, dass wir dort, wo die genannte Quote bereits erreicht oder übererfüllt ist, die unbefristeten Angestelltenverhältnisse nicht noch „künstlich" erhöhen wollen, sondern, dass es uns tatsächlich darum geht, zu anderen Ländern zunächst aufzuschließen und dann in einem weiteren Schritt auch durch ein engagiertes Ziel für die Weiterentwicklung und eine Unterstützung der neuen Karrierewege, die wir vorschlagen, zu definieren, umzusetzen und auch bundesweit voranzugehen. Auch zu den Karrierewegen ist noch einmal zu sagen, dass die beschriebenen Problemfelder primär – so war der Eindruck im Dialogprozess – auf die Universitäten zutreffen, schlicht und ergreifend aus dem Umstand, dass natürlich die Qualifizierung in der Promotionsphase beginnt. Da kann man über Unterstützungsleistungen reden, über gute und strukturierte Betreuung und über die Laufzeit der Verträge. Auch im WissZeitVG wird es hierzu wahrscheinlich noch Änderungen geben. Diese Strukturen, die vorhin angesprochen wurden, betreffen vor allem den Postdoc-Bereich, wo zwischen der Promotion und der Entscheidung, die Karriere in der Wissenschaft weiterhin zu verfolgen, eine lange Zeit liegt, wo dann die negativen Konsequenzen anzutreffen sind, die im oben abgebildeten Vortrag beschrieben wurden. Dieser Bereich ist natürlich an den HAWs schlicht nicht so ausgebildet.

***Frage** (Herr Apeljog, Akademischer Mitarbeiter und Personalratsmitglied Universität Potsdam):*
Zunächst möchte ich mich bedanken, dass es diesen Dialogprozess gibt und wenn Sie sagen, dass er unversöhnlich ist, ist es auch wichtig, dass dieser Dia-

log weitergeführt wird. Wir brauchen gute Beschäftigungsmöglichkeiten für den Mittelbau und auch langfristige Karrierechancen für Mitarbeiterinnen und Mitarbeiter. Gerade da ist es wichtig, dass es auch Perspektiven gibt, die jenseits dieser reinen Stellen für Lehrpersonen (mit besonderer Lehre betrautes Personal) liegen, sondern dass man auch weiß, dass eine persönliche Weiterentwicklung möglich ist und Forschung und Lehre miteinander verbunden werden können. Den gewählten Ansatz hierfür finde ich gut. Wie soll jedoch mit den bereits bestehenden unbefristeten Beschäftigten umgegangen werden? Welche Möglichkeiten werden hier eingeräumt, um z.B. auf eine solche Junior Lecturerer/Researcher-Stelle zu wechseln, denn aktuell haben wir die Situation, dass viele hochqualifizierte Forscherinnen und Forscher, die bis zu sieben Vertretungsprofessuren hatten, sich auf Lehrstellen mit 18 und 20 SWS bewerben müssen und diese dann mit Begeisterung anzunehmen haben, obwohl man aus dem Lebenslauf entnehmen könnte, welche Forschungskarriere und welch ein Know-how diese Personen mitbringen würden? Dies wäre die erste Frage. Die zweite Frage wäre, wie Sie folgenden Sachverhalt sehen: Im Referentenentwurf ist vorgesehen, dass im Rahmen der Qualifizierung zur Promotion die Dauer des Erstvertrages zwei Jahre nicht unterschreiten soll. Warum steht dort nicht: „muss die Dauer mindestens drei Jahre bei Erstvertrag sein“?

Antwort *(Dr. Plaßmann):*
Zur ersten Frage: Bei den Karrierewegen, die beschrieben wurden, handelt es sich um ein Angebot, welches wir den Hochschulen unterbreiten möchten. Den Hochschulen steht es also frei, die sog. Senior-Positionen so auszugestalten, dass sich auch bereits unbefristet wissenschaftliche Beschäftigte, wie von Ihnen beschrieben, auf diese Stellen bewerben könnten.
Zu Ihrer zweiten Frage: Wir haben hier relativ viele Daten erhoben, um zu erfragen, welche Dauer die Erstverträge in der Regel haben. Im aktuellen Hochschulgesetz besteht die Regelung ebenfalls bereits und wir haben nach der Umfrage festgestellt, dass die meisten Hochschulen sich an diesen Rahmen halten und dass tatsächlich die Erstverträge fast immer länger ausfallen – zumindest die, die wir statistisch erfassen konnten. Nach den erfolgten Rücksprachen bestand kein akuter Handlungsbedarf, um diese Regelung auszuweiten, auch vor dem Hintergrund, dass das WissZeitVG in naher Zukunft überarbeitet wird und das, was Sie angesprochen haben, eingeführt und somit gelten wird. Dennoch könnten wir uns hier auch noch eine etwas weitergehende Regelung vorstellen.

Frage *(Name und Funktion nicht angegeben):*
Möchte das MWFK mit der Einführung der Qualifizierungsprofessuren an HAWs und entfristeten Dozenturen für Lehre oder Forschung an Universitäten die Dichotomie in anwendungsbezogenen Hochschulen und Universitäten in Zukunft wieder verstärken, denn diese Vorgehensweise impliziert, dass man die promovierten Wissenschaftler/innen mehr oder weniger gezielt von Fachhochschulen fernhalten möchte?

Antwort *(Dr. Plaßmann):*
Nein, das ist natürlich nicht die Intention. Wir sind uns im Land alle einig, dass die Universitäten und die HAWs unterschiedliche Aufgabenbereiche und Schwerpunkte haben, sodass man hier von verschiedenen Hochschultypen sprechen kann. Ganz im Gegenteil, unser Anliegen war, mit der Qualifizierungsprofessur auch Personen von den Universitäten, die oftmals Interesse an Forschung an den HAWs haben, den Weg zu erleichtern, um dieses oftmals nicht vorhandene Qualifizierungsmerkmal der Anwendungsbezogenheit nachzuholen und somit die Wege zu öffnen, die derzeit noch sehr „hart" nebeneinander verlaufen. Hier gibt es auch mit dem Bund-Länder-Programm „FH Personal" erste Strukturen, bspw. an der FH Potsdam, die dies in ihren Projekten versuchen zu realisieren. Solche Entwicklungen und Wechsel zwischen den Hochschultypen sollen mit den vorliegenden Konzepten stärker unterstützt werden.

Frage *(Frau Damus, Mitglied des Landtags Brandenburg, B90/Grüne):*
Eine Anmerkung bzw. eine Frage an die Allgemeinheit: Wir haben natürlich jetzt für diesen Referentenentwurf als Fraktion unsere Hinweise dazu gegeben, was aus unserer Sicht wichtig ist, auch wenn wir nicht Teil des Dialogprozesses waren, den wir aber durch den Koalitionsvertrag maßgeblich mit angestoßen haben. Ein Punkt, den wir dabei auch eingebracht haben oder den ich als sehr wichtig empfinde, ist eben diese Mindestvertragslaufzeit bei Qualifizierungsstellen und hier ist gerade angesprochen worden, warum das nicht von zwei auf drei Jahre angehoben werden kann: Ich möchte noch einmal darauf hinweisen, dass wir auch die Evaluationen des WissZeitVG angeschaut haben. Da ist dies auch bundesweit betrachtet worden und über die Hälfte der Bundesländer haben inzwischen drei Jahre oder mehr als Mindestvertragslaufzeit geregelt, da sind wir mit unseren zwei Jahren inzwischen im „Hintertreffen" und wir wissen auch alle, dass die allerwenigsten Promotionen unter drei Jahren stattfinden. Also insofern haben wir auch wieder einen Wettbewerbsnachteil, wenn wir das nicht mit dem Bundesvergleich „glattziehen". Ich würde auch sagen, wir sollten uns hier nicht nur

auf die Novelle des WissZeitVG verlassen. Unterstützung für diese Forderung im Parlament ist durchaus willkommen. Die Frage, die ich allerdings noch stellen möchte, da wir eine offene Diskussion haben, ist der Begriff „Wissenschaftlicher Nachwuchs". Auch ich war wissenschaftlicher Nachwuchs und ich kenne viele Leute in den 40ern und 50ern, die immer noch als „Nachwuchs" bezeichnet werden, selbst wenn sie promoviert/habilitiert sind und wenn sie unbefristete Beschäftigungsverhältnisse haben oder sehr hochdotierte Drittmittelprojekte eingeworben haben. Wir müssen von diesem Begriff wegkommen. Diese Diskussion wurde auch bereits geführt, wir haben auch Vorschläge gemacht: z.B. Wissenschaftler/innen in Qualifizierungsphasen. Wenn es hier bessere Vorschläge gibt, die diese Gruppe gut beschreibt und wie man dies auch im Gesetz abbilden kann, würde ich das willkommen heißen, wenn es einfach in die Diskussion um die Novelle noch aufgenommen wird. Ich hänge nicht an unserem Vorschlag, aber man sollte unbedingt einen anderen Begriff finden.

***Antwort** (Dr. Plaßmann):*
Frau Ministerin Dr. Schüle führt diesen Punkt der Bezeichnung des sog. „wissenschaftlichen Nachwuchses" auch immer wieder auf und ruft dazu auf, diesen nicht mehr zu verwenden. Auch das Referat, welches ich seit Kurzem leiten darf, wurde entsprechend umbenannt von „Wissenschaftlicher Nachwuchs" in „Wissenschaftliche Karriereförderung" und es suchen alle nach besseren Begriffen für die Karrierephase, die spätestens nach der Promotion eintritt. Dieses Schwerpunktthema ist mit dem Begriff „Nachwuchs" nicht mehr treffend beschrieben. Zu Ihrer ersten Anmerkung: Das ist unser Vorschlag, den wir jetzt in der Landesregierung abstimmen und den wir selbstbewusst vertreten, aber dann geht er natürlich ins Parlament und das Parlament beschließt die Gesetze, dementsprechend können wir natürlich keine Diskussionen oder Entscheidungen im Parlament oder vielleicht noch kurzfristig eintretende Änderungen beim Referentenentwurf vorwegnehmen.

***Anmerkung** (Frau Hendrischke, Gleichstellungsbeauftragte der BTU Cottbus-Senftenberg):*
Ich will hier noch einmal auf das Thema „Wissenschaftlicher Nachwuchs" aufspringen, denn es betrifft auch den Begriff der „Sonstigen Mitarbeiter". Es ist längst überfällig, dass auch dieser Begriff geändert wird. Zudem möchte ich mich bedanken, dass die Landeskonferenz der Gleichstellungsbeauftragten der Brandenburgischen Hochschulen (LaKoG) von Anfang an in dem Dialogprozess beteiligt war und wir damit auch wirklich die Möglichkeit hat-

ten, einer breiten Teilnehmergruppe die Querschnittsthemen einmal näher zu bringen und dass diese nicht nur in „drei Paragraphen" des Gesetzes eine Relevanz haben, sondern dass es tatsächlich Themen sind, die überall in Hochschulen, in Wissenschaft und in der Verwaltung eine Rolle spielen. Da spreche ich von Chancengleichheit, von Diversität, von Antidiskriminierung und auch Gleichstellung der Geschlechter. Wir konnten uns einbringen, wir wurden gehört, die Chance wurde auch gut genutzt, um Augen zu öffnen, wo überall diese Themen mitzudenken sind. Mir wird aber nicht klar, inwieweit sie im Gesetz einen Niederschlag finden. Einige unserer Forderungen finden wir, andere gilt es, glaube ich, nochmals zu konkretisieren und nachzuschärfen. Dies wollen wir z.B. auch bei unserer Veranstaltung am 01.03.2023 an der BTU Cottbus-Senftenberg machen, hier wird u.a. auch der Staatssekretär mitdiskutieren und ich glaube, wir können gemeinsam nochmals den „Finger in die Wunden legen". Was mich sehr verwundert hat, ist, dass der Referentenentwurf nicht an die LaKoG gegangen ist, wir haben uns eingebracht, aber wir durften ihn offiziell nicht lesen. Das war eine herbe Enttäuschung, aber wir wären nicht Gleichstellungsbeauftragte, wenn wir nicht Wege finden würden, um ihn trotzdem zu erhalten und zu kommentieren. Wir waren gezwungen, Bündnisse zu schaffen und über die Bündnisse spiegeln wir jetzt wider, was uns nicht gefällt und wir werden auch mit dem Landtag und den politischen Sprecher/innen weiter in Kontakt bleiben. Was ich noch sagen möchte, ich finde es schade, dass genau unsere Forderungen, wie so viele andere, immer wieder am Geld scheitern. Das ist, glaube ich, auch diese Unversöhnlichkeit. Viele der Maßnahmen, die besprochen worden sind, die auch das Ministerium möchte, begrüßen wir, aber letzten Endes scheitert es immer an der Finanzierung. D.h., wenn das MWFK „A" sagt und wir als Land Brandenburg Vorreiter sein wollen, dann braucht es auch die entsprechende finanzielle Zusage an die Hochschulen, damit es auch finanzierbar ist.

Frage *(Herr Funk, Kanzler der BTU Cottbus-Senftenberg):*
Wir haben jetzt eben etwas von der 40 %-Quote gehört. Wir alle sagen immer, dass es mit großer Wahrscheinlichkeit zu Lasten der Qualifizierung geht. Dürfen wir deshalb auch erwarten, dass bis 2027 die Finanzierung schrittweise mitsteigt? Wird also mehr Geld ins System kommen für diese Erhöhung der Quote, für diese Erhöhung der unbefristeten Beschäftigungsverhältnisse? Falls dies nicht erfolgt, müssten im Umkehrschluss sonst Gratifikationen eingeschränkt werden, dann könnte das avisierte Promotionskolleg gleich eingespart werden.

***Antwort** (Dr. Plaßmann):*
Das schließt ja sehr gut an das bereits von Frau Hendrischke Gesagte an. Die Finanzierung ist natürlich eine der ersten Fragen, die logischerweise gestellt wird. Unsere Antwort ist immer die gleiche und die kennen Sie natürlich und ich denke, diese kann man auch sehr selbstbewusst vertreten: Wir haben in den letzten Jahren einen Zuwachs der Grundfinanzierung an den Hochschulen in Brandenburg erlebt, der tatsächlich auch bundesweit spürbar und beachtlich ist. Wir haben auch jetzt trotz der sich verdichtenden internationalen Krisen diesen Aufwuchs der Grundfinanzierung – die sog. „Treppe" – wieder in den Doppelhaushalt aufgenommen. Wir haben den angesprochenen Bund-Länder-Zukunftsvertrag, der auch das erste Mal de facto auf Dauer geschlossen ist. Es ist nun zu hinterfragen, wie er der aktuellen Inflation standhält, aber auch hierdurch ist ein Aufwuchs realisierbar. Wir haben es an kleineren Stellen auch schon geschafft, mit unserem Anschubfinanzierungsprogramm für Dauerstellen an allen Hochschulen im Land Aufwüchse anzubringen. Es ist in den letzten Jahren also bereits viel passiert. Für die Haushalte, die wir bis jetzt beeinflussen konnten, haben wir eine Erhöhung der Grundsicherung sicherstellen können, darüber hinaus liegt natürlich die Haushaltshoheit bei dem demokratischen Gesetzgeber und dort können wir nicht vorausgreifen, was nach 2024 passieren wird. Aber ich denke – und in 2024 liegt natürlich auch noch eine Wahl – dass die letzten Jahre gezeigt haben, dass das MWFK und der Haushaltsgesetzgeber durchaus gut zusammenarbeiten können, um diese Erhöhung der Grundfinanzierung sicherzustellen.

Auszüge aus dem Referentenentwurf

Akademische Mitarbeiterinnen und Mitarbeiter

§ 49 Akademische Mitarbeiterinnen und Mitarbeiter BbgHG (2014)	§ 52 Akademische Mitarbeiterinnen und Mitarbeiter BbgHG-E
(1) Akademischen Mitarbeiterinnen und Mitarbeitern obliegen weisungsgebunden im Rahmen der Aufgabenerfüllung der Hochschule wissenschaftliche Dienstleistungen, insbesondere in Wissenschaft, Forschung, Lehre und Weiterbildung, nach Maßgabe ihrer Tätigkeitsbeschreibung. Sie werden in nach Maßgabe des Wissenschaftszeitvertragsgesetzes befristeten oder unbefristeten Angestelltenverhältnissen beschäftigt. Soweit Akademische Mitarbeiterinnen und Mitarbeiter mit den Aufgaben eines ehemaligen wissenschaftlichen Mitarbeiters in befristeten Angestelltenverhältnissen beschäftigt werden, soll die Dauer des Erstvertrages grundsätzlich zwei Jahre betragen. Angestelltenverhältnisse, die überwiegend aus Mitteln Dritter finanziert werden und die nach § 2 Absatz 2 des Wissenschaftszeitvertragsgesetzes befristet worden sind, werden in der Regel für die Dauer der Bewilligung der Projektlaufzeit abgeschlossen. Kürzere Vertrags-	(1) Akademischen Mitarbeiterinnen und Mitarbeitern obliegen weisungsgebunden im Rahmen der Aufgabenerfüllung der Hochschule wissenschaftliche Dienstleistungen, insbesondere in Wissenschaft, Forschung, Lehre und Weiterbildung, nach Maßgabe ihrer Tätigkeitsbeschreibung. (2) Akademische Mitarbeiterinnen und Mitarbeiter, deren Beschäftigung zur Förderung der eigenen wissenschaftlichen oder künstlerischen Qualifizierung erfolgt, werden in der Regel nach Maßgabe des Wissenschaftszeitvertragsgesetzes vom 12. April 2007 (BGBl. I S. 506), das zuletzt durch Artikel 1 des Gesetzes vom 25. Mai 2020 (BGBl. I S. 1073) geändert worden ist, in befristeten Arbeitsverhältnissen beschäftigt. Soweit die befristete Beschäftigung zur Förderung der eigenen wissenschaftlichen oder künstlerischen Qualifizierung erfolgt, soll die Dauer des Erstvertrages zwei Jahre nicht unterschreiten. Von der Mög-

laufzeiten sind in begründeten Ausnahmefällen möglich. Von der Möglichkeit der Vertragsverlängerung nach § 2 Absatz 1 Satz 3 des Wissenschaftszeitvertragsgesetzes (familienpolitische Komponente) soll Gebrauch gemacht werden. Die Regelungen des Wissenschaftszeitvertragsgesetzes bleiben unberührt. Soweit Akademische Mitarbeiterinnen und Mitarbeiter Hochschullehrerinnen und Hochschullehrern zugeordnet sind, erbringen sie ihre wissenschaftlichen Dienstleistungen unter deren fachlicher Verantwortung und Betreuung. Die Tätigkeitsbeschreibungen können jederzeit nach Anhörung der Betroffenen nach dem Bedarf der Hochschule geändert werden.

(2) Akademischen Mitarbeiterinnen und Mitarbeitern soll im Rahmen ihrer Dienstaufgaben Gelegenheit zu eigener vertiefter wissenschaftlicher Arbeit gegeben werden. Akademischen Mitarbeiterinnen und Mitarbeitern, die befristet beschäftigt werden und zu deren Dienstaufgaben die Vorbereitung einer Promotion oder die Erbringung zusätzlicher wissenschaftlicher Leistungen gehört, steht für die eigene vertiefte wissenschaftliche Arbeit mindestens ein Drittel der jeweiligen Arbeitszeit zur Verfügung.

lichkeit der Vertragsverlängerung nach § 2 Absatz 1 Satz 4 und 5 des Wissenschaftszeitvertragsgesetzes und nach § 2 Absatz 1 Satz 6 des Wissenschaftszeitvertragsgesetzes soll Gebrauch gemacht werden. Die Regelungen des Wissenschaftszeitvertragsgesetzes bleiben unberührt.

(3) Akademische Mitarbeiterinnen und Mitarbeiter, die überwiegend dauerhaft anfallende wissenschaftliche Dienstleistungen im Sinne des Absatz 1 wahrnehmen, werden in der Regel in unbefristeten Arbeitsverhältnissen beschäftigt. Dies gilt insbesondere nicht in den Fällen des Absatzes 2 Satz 1 oder wenn die Beschäftigung zur Vertretung einer anderen Mitarbeiterin oder eines anderen Mitarbeiters erfolgt.

(4) Akademischen Mitarbeiterinnen und Mitarbeitern soll im Rahmen ihrer Dienstaufgaben Gelegenheit zu eigener vertiefter wissenschaftlicher oder künstlerischer Arbeit gegeben werden. Akademischen Mitarbeiterinnen und Mitarbeitern, die befristet beschäftigt werden und deren Beschäftigung zur Förderung der eigenen wissenschaftlichen oder künstlerischen Qualifizierung erfolgt,

(3) Einstellungsvoraussetzung für Akademische Mitarbeiterinnen und Mitarbeiter ist neben den allgemeinen dienstrechtlichen Voraussetzungen in der Regel ein abgeschlossenes Hochschulstudium. Abweichend von Satz 1 kann das abgeschlossene Hochschulstudium je nach den fachlichen Anforderungen durch eine mindestens dreijährige künstlerische Berufstätigkeit ersetzt werden. (4) Wissenschaftliche und künstlerische Mitarbeiterinnen und Mitarbeiter sowie Lehrkräfte für besondere Aufgaben, die über einen Hochschulabschluss verfügen, gehören mit Inkrafttreten dieses Gesetzes zur Gruppe der Akademischen Mitarbeiterinnen und Mitarbeiter. Für die bei Inkrafttreten dieses Gesetzes vorhandenen wissenschaftlichen und künstlerischen Mitarbeiterinnen und Mitarbeiter sowie für Lehrkräfte für besondere Aufgaben gilt bis zu einer vertraglichen Neufestlegung der individuellen Lehrverpflichtung die Lehrverpflichtung nach der Lehrverpflichtungsverordnung vom 6. September 2002 (GVBl. II S. 568), die zuletzt durch Artikel 4 des Gesetzes vom 11. Februar 2013 (GVBl. I Nr. 4 S. 10) geändert worden ist.	steht für die eigene vertiefte wissenschaftliche oder künstlerische Arbeit mindestens ein Drittel der jeweiligen Arbeitszeit zur Verfügung. (5) Einstellungsvoraussetzung für Akademische Mitarbeiterinnen und Mitarbeiter ist neben den allgemeinen dienstrechtlichen Voraussetzungen in der Regel ein abgeschlossenes Hochschulstudium. Abweichend von Satz 1 kann das abgeschlossene Hochschulstudium je nach den fachlichen Anforderungen durch eine mindestens dreijährige künstlerische Berufstätigkeit ersetzt werden. Soweit Akademische Mitarbeiterinnen und Mitarbeiter Hochschullehrerinnen und Hochschullehrern zugeordnet sind, erbringen sie ihre wissenschaftlichen Dienstleistungen unter deren fachlicher Verantwortung und Betreuung. Die Tätigkeitsbeschreibungen können jederzeit nach Anhörung der oder des Betroffenen nach dem Bedarf der Hochschule geändert werden.

Akademische Dozentinnen und Dozenten, Akademische Juniordozentinnen und Juniordozenten

§ 53 BbgHG-E (Akademische Dozentinnen und Dozenten, Akademische Juniordozentinnen und Juniordozenten)

(1) Akademische Juniordozentinnen und Juniordozenten nehmen an den Universitäten und Kunsthochschulen aufgrund einer Vereinbarung mit der Hochschule nach Maßgabe des § 2 Absatz 1 Satz 2 des Wissenschaftszeitvertragsgesetzes in der Regel längstens auf drei Jahre befristeten Arbeitsverhältnissen zum Zweck der eigenen wissenschaftlichen oder künstlerischen Qualifizierung und zur weiteren Spezialisierung Aufgaben mit einer Schwerpunktsetzung in
1. Wissenschaft und Forschung oder
2. Wissenschaft und Lehre
nach Maßgabe ihrer Tätigkeitsbeschreibung wahr. Ihnen steht während der Qualifizierung für die eigene vertiefte wissenschaftliche oder künstlerische Arbeit mindestens ein Dritter der jeweiligen Arbeitszeit zur Verfügung. Nach Fristablauf werden sie ohne erneute Ausschreibung, wenn sie sich als Akademische Juniordozentin oder Akademischer Juniordozent bewährt haben und die in der Vereinbarung festgelegten Leistungen sowie die sonstigen Einstellungsvoraussetzungen erfüllt haben, unter Entfristung des Arbeitsverhältnisses mit der Schwerpunktsetzung unbefristet als Akademische Dozentin oder Akademischer Dozent beschäftigt; ihnen können Aufgaben in Wissenschaft und Forschung zur selbstständigen Wahrnehmung übertragen werden. Die Bezeichnung Akademische Dozentin oder Akademischer Dozent und Akademische Juniordozentin oder Akademischer Juniordozent kann mit einem Zusatz für den jeweils wahrgenommenen Schwerpunkt geführt werden. Die Tätigkeitsbeschreibungen können jederzeit nach Anhörung der oder des Betroffenen nach dem Bedarf der Hochschule geändert werden.

(2) Stellen für Akademische Juniordozentinnen und Juniordozenten sind öffentlich auszuschreiben. Eingestellt werden kann, wer die allgemeinen dienstrechtlichen Voraussetzungen erfüllt und mindestens folgende weitere Voraussetzungen nachweist:
1. ein abgeschlossenes Hochschulstudium und
2. eine Befähigung zu wissenschaftlicher Arbeit, die in der Regel durch eine Promotion

nachgewiesen wird, oder eine besondere Befähigung zu künstlerischer Arbeit.
Bewerberinnen und Bewerber sollen darüber hinaus pädagogisch geeignet sein. Kann pädagogische Eignung im Bewerbungsverfahren nicht hinreichend festgestellt werden, muss die Vereinbarung nach Absatz 1 Satz 1 auch den Erwerb dieser Fähigkeit vorsehen.

(3) Abweichend von Absatz 1 Satz 1 kann bei Erfüllung der Einstellungsvoraussetzungen nach Absatz 2 und dem Vorliegen von pädagogischer Eignung als Akademische Dozentin oder Akademischer Dozent auch unbefristet eingestellt werden, wer nach abgeschlossener Promotion bereits zur Förderung der eigenen wissenschaftlichen oder künstlerischen Qualifizierung beschäftigt war und eine Schwerpunktsetzung im Sinne des Absatzes 1 sowie aufgrund der bisherigen Tätigkeiten die Eignung als Akademische Dozentin oder Akademischer Dozent nachweist.

Personalplanung

§ 3 Abs. 3 BbgHG-E (Aufgaben)

(3) Die Hochschulen stellen für einen Zeitraum von fünf Jahren Struktur- und Entwicklungspläne, einschließlich der Personalentwicklung, auf und schreiben sie regelmäßig fort. Sie sind dabei an staatliche Zielsetzungen der Hochschulentwicklung gebunden, die das für die Hochschulen zuständige Mitglied der Landesregierung nach Anhörung der Hochschulen zur Sicherung eines angemessenen Angebots an Hochschulleistungen vorgibt. In den Struktur- und Entwicklungsplänen stellen die Hochschulen die vorgesehene fachliche, strukturelle, personelle und finanzielle Entwicklung dar. Die Struktur- und Entwicklungsplanung soll ein fachlich ausreichendes und regional ausgewogenes Angebot in Forschung, Lehre und Transfer sicherstellen. Die Struktur- und Entwicklungspläne sind der für die Hochschulen zuständigen obersten Landesbehörde anzuzeigen.

§ 42 Abs. 1 Satz 2 BbgHG-E (Berufung von Hochschullehrerinnen und Hochschullehrern; Verordnungsermächtigung)

(1) [...] Die Ausschreibung muss Art und Umfang der zu erfüllenden Aufgaben enthalten und in Übereinstimmung mit einer von der für die Hochschulen zuständigen obersten Landesbehörde genehmigten Personalplanung stehen, die Bestandteil des Entwicklungsplanes nach § 3 Absatz 3 ist. [...]

§ 54 BbgHG-E (Personalplanung für Akademische Beschäftigte)

Die Personalplanung nach § 42 Absatz 1 Satz 2 erstreckt sich auch auf die Beschäftigung von Akademischen Beschäftigen und enthält verbindliche Zielvorgaben für den Anteil unbefristeter Arbeitsverhältnisse mit Akademischen Beschäftigten. Ausgenommen sind solche Beschäftigungsverhältnisse, die aus Mitteln Dritter finanziert werden.

Präsentation

LAND BRANDENBURG
Ministerium für Wissenschaft, Forschung und Kultur

Ministerium für Wissenschaft, Forschung und Kultur

Gute Arbeit in der Wissenschaft

–

Diskussion, Dialoge und Entwicklungen im Land und Bund

17.02.2023 1

LAND BRANDENBURG
Ministerium für Wissenschaft, Forschung und Kultur

Ministerium für Wissenschaft, Forschung und Kultur

Entwicklungen im Land Brandenburg

- **Koalitionsvertrag 2019**
- **Beschluss des Landtages 2020**
- **Initiierung des Dialogprozesses angelegt bis Mitte 2023**

17.02.2023 2

LAND BRANDENBURG
Ministerium für Wissenschaft, Forschung und Kultur

Ministerium für Wissenschaft, Forschung und Kultur

Entwicklungen im Land Brandenburg

- **Dialogprozess „Gute Arbeit in der Wissenschaft"**

  Teilnehmende:
  - Die Personalvertretungen an den Hochschulen
  - Die Gewerkschaften an den Hochschulen
  - Das Bündnis „Frist ist Frust"
  - Die Brandenburgische Studierendenvertretung (BrandStuVe)
  - Die Leitungen aller staatlichen Hochschulen
  - Vertreter*innen der Hochschullehrer*innen (Universitäten/HAWs/Juniorprof.)
  - Die Landeskonferenz der Gleichstellungsbeauftragten
  - Die Hauptschwerbehindertenvertretung
  - Vertretung der Lehrbeauftragten
  - Vertreter*innen des MWFK

17.02.2023 3

LAND BRANDENBURG
Ministerium für Wissenschaft, Forschung und Kultur

Ministerium für Wissenschaft, Forschung und Kultur

Entwicklungen im Land Brandenburg

- **Dialogprozess „Gute Arbeit in der Wissenschaft"**

  Themen:
  - Klare Karriereperspektiven
  - unbefristete Beschäftigung nach der Promotion
  - Faire Beschäftigungsbedingungen
  - Honorierung der wissenschaftlich fundierten Lehre
  - Gute Rahmenbedingungen für Gute Arbeit
  - Gleiche Teilhabe an der Wissenschaft
  - Angemessene Balance von Leben und Arbeit
  - Nachhaltige Kooperation/Stärkung gemeinsamer Interessen

17.02.2023 4

LAND BRANDENBURG
Ministerium für Wissenschaft, Forschung und Kultur

Ministerium für Wissenschaft, Forschung und Kultur

Entwicklungen im Land Brandenburg

- **Dialogprozess „Gute Arbeit in der Wissenschaft"**

  Analysiert werden sollte

  a) der Ist-Stand sowie

  b) mögliche Reformnotwendigkeiten

17.02.2023 5

LAND BRANDENBURG
Ministerium für Wissenschaft, Forschung und Kultur

Ministerium für Wissenschaft, Forschung und Kultur

Entwicklungen im Land Brandenburg

- **Dialogprozess „Gute Arbeit in der Wissenschaft"**

  Analyse des Ist-Standes zeigte:

  - Entscheidung über mögliche langfristige Karriere in der Wissenschaft erfolgt vergleichsweise spät
  - Wenige Angebote für strukturierte Karrierewege jenseits der Professur/zeitnah nach der Promotion
  - Bundesweit leicht unterdurchschnittliche Entfristungsquote bei den wissenschaftlichen Beschäftigten (haushaltsfinanziert)
  - Anteil der Wissenschaftlerinnen am wissenschaftlichen Personal nimmt mit jedem Karriereschritt sukzessive ab

17.02.2023 6

LAND BRANDENBURG

Ministerium für Wissenschaft, Forschung und Kultur

Ministerium für
Wissenschaft,
Forschung und Kultur

Entwicklungen im Land Brandenburg

- **Dialogprozess „Gute Arbeit in der Wissenschaft“**

  Ansätze in der Novellierung des Brandenburgischen Hochschulgesetzes (BbgHG):

  - Einführung neuer attraktiver, planbarer und früherer Karrierewege jenseits der Professur
  - Spezialisierung in Lehre, Forschung oder Wissenschaftsmanagement
  - Einführung von Qualifizierungsprofessuren an den HAWs

17.02.2023 7

LAND BRANDENBURG

Ministerium für Wissenschaft, Forschung und Kultur

Ministerium für
Wissenschaft,
Forschung und Kultur

Entwicklungen im Land Brandenburg

- **Dialogprozess „Gute Arbeit in der Wissenschaft“**

  - Jenseits der Novelle, in den Hochschulverträgen – schrittweise, individuell nach Hochschule gelagerte Anhebung der Quote des dauerhaft beschäftigten wissenschaftlichen Personals auf 40% im Jahr 2027 im landesweiten Durchschnitt
  - Festlegung dieses Ziels auch in Kooperation mit dem Bund in der Verwendung der Mittel des Bund-Länder „Zukunftsvertrags Studium und Lehre stärken“

17.02.2023 8

LAND BRANDENBURG
Ministerium für Wissenschaft, Forschung und Kultur

Ministerium für Wissenschaft, Forschung und Kultur

Entwicklungen in weiteren Ländern

- #IchbinHanna
- Intensive Gespräche und Abstimmungen in der KMK
- Aufnahme der Schaffung verlässlicher Karrierewege in Koalitionsverträgen/ Reform der Hochschulgesetze bspw. in NRW/Sachsen/Berlin/Bremen und weiteren Ländern

17.02.2023 9

LAND BRANDENBURG
Ministerium für Wissenschaft, Forschung und Kultur

Ministerium für Wissenschaft, Forschung und Kultur

Entwicklungen im Bund

- #IchbinHanna
- Koalitionsvertrag der Bundesregierung 2021
- Derzeit Novellierung des Wissenschaftszeitvertragsgesetzes

17.02.2023 10

Leistungsbewertungen und Qualifikationsentscheidungen bei Professuren – Schutz der Grundrechte

Klaus Herrmann

I. Einleitung

Um eine berufliche Karriere in der Wissenschaft attraktiv und vorhersehbar zu machen, empfahl der Wissenschaftsrat bereits 2014, die meisten Professuren mit Tenure-Track, d.h. zunächst befristet, zu besetzen und die lebenszeitige Übertragung für den Fall fest zuzusagen, dass sich die Kandidatin oder der Kandidat bewährt und im Rahmen der Tenure-Evaluation die Erfüllung vorab definierter Kriterien nachgewiesen hat.[1] Das richtet den Blick auf die bestehenden und zukünftigen Regelungen zur Bewertung wissenschaftlicher Leistungen im Wissenschaftssystem. Aus der föderalen Ausgestaltung in 17 (der Bund hat Regelungen für sein eigenes Hochschulpersonal) Rechtskreisen ergeben sich natürlich Wettbewerbseffekte hinsichtlich der Attraktivität für den Nachwuchs an wissenschaftlichen Hochschulen und Einrichtungen. Der verfassungsrechtliche und einfachgesetzliche Rahmen für die Bewertung wissenschaftlicher Leistungen interessiert hingegen im Streitfall oft nur dann, wenn für die Betroffenen wirtschaftlich schwerwiegende Fragen einer Weiterbeschäftigung im Wissenschaftssystem oder jedenfalls das Weiterkommen zu beruflichen Zielen auf dem Spiel stehen. Wenn über die Novellierung des Hochschulgesetzes diskutiert wird, besteht die seltene Gelegenheit, die aus Streitigkeiten um verfassungsrechtliche Abgrenzungen folgenden Erkenntnisse für die Ausgestaltung und Verbesserung von gegenwärtigen und zukünftigen Chancen und Arbeitsbedingungen im Wissenschaftsbereich nutzbar zu machen.

1 Vgl. Wissenschaftsrat, „Empfehlungen zu Karrierezielen und -wegen an Universitäten" (Drs. 4009-14), vgl. http://www.wissenschaftsrat.de/download/archiv/4009-14.pdf.

II. Rechtsstand und Novellierung des Hochschullehrerdienstrechts

1. Berufung auf Professuren

Im Hochschulgesetz des Landes Brandenburg (im Folgenden: BbgHG) findet sich eine detaillierte Regelung zur hochschulinternen Vorbereitung von Berufungsvorschlägen durch eine Berufungskommission (§ 40 Abs. 2 BbgHG[2], § 42 Abs. 2 BbgHG-E), die mehrheitlich mit Professorinnen und Professoren bzw. bewährten Juniorprofessorinnen oder Juniorprofessoren besetzt sein muss (§ 61 Abs. 1 S. 7 BbgHG, § 67 Abs. 7 S. 7 BbgHG-E). Der Berufungskommission wird dabei ausdrücklich aufgegeben (§ 41 Abs. 2 S. 2 BbgHG, § 43 Abs. 2 S. 2 BbgHG-E), die Qualität der für die Besetzung einer Professur erforderlichen zusätzlichen wissenschaftlichen Leistungen „ausschließlich und umfassend" im Berufungsverfahren zu bewerten. Bereits mit § 38 Abs. 2 BbgHG 1999[3] bestand die Möglichkeit, anstelle einer Habilitation gleichwertige wissenschaftliche Leistungen nachzuweisen. Mit der 2004 aufgenommenen Änderung sollte in Anlehnung[4] an die Bundesregelung zur Juniorprofessur (§ 44 Abs. 2 Satz 3 HRG) klargestellt werden, dass die zusätzlichen wissenschaftlichen Leistungen von der aufnehmenden Hochschule im Berufungsverfahren bewertet werden, allerdings nicht in der Form eines gesonderten Prüfungsverfahrens.[5] Die Berufungskommission hat ihren Berufungsvorschlag zu stützen auf mindestens zwei vergleichende Gutachten von auf dem Berufungsgebiet anerkannten, auswärtigen Wissenschaftlerinnen oder Wissenschaftlern oder Künstlerinnen oder Künstlern (§ 40 Abs. 3 S. 2 BbgHG). Neu soll darauf verzichtet werden können (§ 42 Abs. 2 S. 3 BbgHG-E), „wenn der Berufungskommission mindestens drei hochschulexterne sachverständige Personen angehören und diese an der Beschlussfassung über den Berufungsvorschlag mitgewirkt haben".

In § 40 Abs. 8 BbgHG/§ 42 Abs. 8 BbgHG-E (sog. Genieklausel) wird eine Ausnahme vom kompetitiven Berufungsverfahren zugelassen. Danach kann ein bestimmter Kandidat bzw. eine bestimmte Kandidatin in einem außerordentlichen Berufungsverfahren berufen werden, sofern er oder sie sich aufgrund exzellenter Lehr- und Forschungsleistungen als herausragen-

---

2 Brandenburgisches Hochschulgesetz (BbgHG) v. 28.04.2014 (GVBl.I/14, [Nr. 18], siehe auch Beschl. BVerfG GVBl.I/18 [Nr. 18]), zul. geänd. d. G. v. 23.09.2020 (GVBl.I/20, [Nr. 26]).

3 Vgl. Gesetz über die Hochschulen des Landes Brandenburg v. 20.05.1999 (GVBl. 1999 I Nr. 8).

4 Siehe den Verweis in LT-Drucks. 3/6248, S. 32.

5 Siehe die Begr. z. Gesetzentw. d. BReg BT-Drucks. 14/6853, S. 25 f.

de Persönlichkeit ausweist. Die Berufungskommission hat zu begründen, inwieweit diese Anforderung erfüllt ist. Zusätzlich sind vier Gutachten einzuholen, von denen mindestens zwei von im Ausland tätigen Gutachtern stammen sollen.

2. Bewährung bei Juniorprofessuren

§ 46 Abs. 1 S. 1 BbgHG/§ 48 Abs. 1 S. 1 BbgHG-E begrenzt die Beamtenverhältnisse bei Juniorprofessorinnen und Juniorprofessoren (nach § 46 Abs. 3 BbgHG/§ 48 Abs. 3 BbgHG-E gilt entsprechendes für Anstellungsverhältnisse) auf eine Höchstdauer von vier Jahren. Eine Verlängerung auf insgesamt sechs Jahre soll mit Zustimmung der Juniorprofessorin oder des Juniorprofessors nach Satz 2 nur möglich sein, „wenn sie oder er sich als Hochschullehrerin oder Hochschullehrer bewährt hat". Bei ausbleibender Bewährung darf das Beamtenverhältnis nur um höchstens ein Jahr verlängert werden. Die Entscheidung über die Bewährung trifft nach § 46 Abs. 2 BbgHG/§ 48 Abs. 2 BbgHG-E die Dekanin oder der Dekan auf der Grundlage einer Stellungnahme des zuständigen Organs des Fachbereichs. Die Stellungnahme enthält eine Bewertung der wissenschaftlichen Leistungen, die in einem Bewertungsverfahren unter Berücksichtigung von mindestens zwei externen Gutachten aufgestellt wird. Die Gutachterinnen oder Gutachter werden vom zuständigen Organ des Fachbereichs bestimmt. Das zuständige Organ des Fachbereichs muss dabei mehrheitlich mit Professorinnen und Professoren und Juniorprofessorinnen und Juniorprofessoren, welche sich bereits nach § 46 Abs. 1 S. 2 und Abs. 2 BbgHG bewährt haben, besetzt sein (§ 61 Abs. 1 S. 7 BbgHG/§ 67 Abs. 7 S. 7 BbgHG-E). Unter Verweis auf die Selbstverwaltungsbefugnis der Hochschulen habe sich der Gesetzgeber auf die Regelung dieser Mindeststandards beschränkt.[6]

Neugeschaffen wird mit § 49 BbgHG-E die Möglichkeit und parallel zur Juniorprofessur, auch die stellenspezifische Einstellungsvoraussetzung einer Professur für anwendungsbezogene Studiengänge im Rahmen einer „Qualifikationsprofessur" zu erwerben. Das gilt nach Abs. 2 sowohl für eine fehlende qualitätsausweisende Promotion (§ 43 Abs. 1 S. 1 Nr. 3 BbgHG-E) als auch für fehlende berufliche Erfahrungszeiten im Sinne des § 43 Abs. 1 S. 1 Nr. 4 Buchst. b BbgHG-E. Selbst wenn die bei Einstellung erforderliche pädagogische Eignung (§ 43 Abs. 1 S. 1 Nr. 2 BbgHG-E) im Berufungsverfahren nicht oder nicht in ausreichendem Maße festgestellt werden konn-

6 Vgl. Begr. d. Gesetzentw. d. LReg, LT-Drucks. 3/6248, S. 35.

te (§ 49 Abs. 1 S. 2 BbgHG-E sieht dies nur noch als Soll-Anforderung vor), kann diese bei Wahrnehmung der Qualifikationsprofessur (nach-) erworben werden. Die Qualifikationsprofessur soll in einem auf vier Jahre befristeten Angestelltenverhältnis ausgeübt werden (§ 49 Abs. 3 BbgHG-E), beim Fehlen und Nacherwerb der beruflichen Erfahrungszeiten im Sinne des § 43 Abs. 1 S. 1 Nr. 4 Buchst. b BbgHG-E im Rahmen einer Teilzeitbeschäftigung im hälftigen Umfang einer vollen Professur (§ 49 Abs. 2 S. 2 BbgHG-E). Nach Vorstellung des Gesetzgebers endet die „Verwandlung vom Entchen zum Schwan" mit der Feststellung der Bewährung und der vollständigen Erfüllung der Einstellungsvoraussetzungen für Professorinnen und Professoren an Fachhochschulen nach § 43 BbgHG-E „im Rahmen eines Berufungsverfahrens". Für diesen erfreulichen Fall könnte sogar – parallel zum Tenure-Track – die Übernahme in ein Beamtenverhältnis auf Lebenszeit vereinbart werden. Näheres hätten die Hochschulen durch Satzung zu regeln (§ 43 Abs. 3 S. 4 BbgHG-E).

3. Zwischenevaluation und Abschlussevaluation bei Tenure-Track-Professuren

In Brandenburg sind Tenure-Track-Professuren als Juniorprofessuren ausgestaltet (§ 45 Abs. 2 S. 2 BbgHG), „deren Ausschreibung unter der Voraussetzung einer erfolgreichen Evaluation den unmittelbaren Übergang auf eine Lebenszeitprofessur vorsieht (Tenure-Track)". Weder wird geklärt, wie eine „erfolgreiche Evaluation" mit der Bewährung als Hochschullehrerin oder Hochschullehrer nach § 45 Abs. 1 S. 2 BbgHG zusammenhängt, noch werden Maßstäbe für eine erfolgreiche Evaluation oder Verfahrensvorkehrungen näher ausgestaltet.[7] Dadurch sollten Handlungsspielräume der Universitäten im Wettbewerb um hochqualifizierte Bewerberinnen und Bewerber erweitert werden.[8]

Mit dem Entwurf der Neuregelung werden selbst diese rudimentären Regelungen weiter abgebaut: § 47 Abs. 2 S. 2 BbgHG-E regelt nur noch im Zusammenhang mit Einstellungsvoraussetzungen für Juniorprofessorinnen und Juniorprofessoren, dass die Ausschreibung einer Juniorprofessur unter der Voraussetzung einer erfolgreichen Evaluation den unmittelbaren Übergang auf eine Lebenszeitprofessur vorsehen kann (Tenure-Track).

---

7 Siehe Gesetz zur Änderung hochschulrechtlicher und anderer Vorschriften v. 20.09.2018, GVBl. 2018 I Nr. 21.

8 Vgl. Begr. d. Gesetzentw. d. LReg, LT-Drucks. 6/8765, S. 5 d. Begr.

4. Sonstige Fälle der Verstetigung/Verlängerung von Professuren

Nach § 43 Abs. 1 S. 3 BbgHG/§ 45 Abs. 1 S. 3 BbgHG-E ist insbesondere bei einer Erstberufung ein Beamtenverhältnis auf Zeit vorzusehen. Nach § 43 Abs. 1 S. 5 BbgHG/§ 45 Abs. 1 S. 5 BbgHG-E wird die Dauer des Beamtenverhältnisses auf Zeit auf höchstens fünf Jahre begrenzt, bei einer Erstberufung muss sie mindestens zwei Jahre betragen.[9] Dass bei einer Erstberufung das Beamtenverhältnis befristet wird und die Mindestdauer zwei Jahre beträgt, geht darauf zurück, dass ein/e sich noch nicht an einer (anderen) Hochschule bewährte/r Professor/in ihre/seine fachlichen Fähigkeiten (vor allem in der Lehre) nachweisen und ihre/seine Eignung für das Amt einer Professorin/eines Professors unter Beweis stellen muss. Die erstmalige Befristung soll es dem Dienstherrn ermöglichen, Reaktionen auf erkannte „Fehlgriffe" in der ersten Zeit der Tätigkeit der Professor/innen zu erleichtern. Es geht somit um die Bewährung als Professor/in.[10] Dem entspricht auch ein Erlass des für Hochschulen zuständigen Ministeriums zur Befristung der Dienstverhältnisse von Professor/innen bei der ersten Berufung zur/zum Professor/in gemäß § 43 BbgHG[11], der von „einer Befristung wegen Erstberufung zum Zwecke der Erprobung" spricht (Nr. 3). Danach ist zu prüfen, ob sich ein/e befristete/r Professor/in „bei der Erfüllung seiner Dienstaufgaben bewährt hat und ein unbefristetes Angestelltenverhältnis begründet werden soll."[12] Schließlich sieht § 40 Abs. 1 S. 4 BbgHG/§ 42 Abs. 1 S. 6 Nr. 1 BbgHG-E einen Verzicht auf die Ausschreibung und ein erneutes Berufungsverfahren für den Fall vor, dass die Professur nach Ablauf des Beamtenverhältnisses auf Zeit bzw. „nach Fristablauf fortgesetzt werden soll".

Ausdrücklich ist in § 43 Abs. 2 BbgHG/§ 45 Abs. 2 BbgHG-E der Fall geregelt, dass ein/e wegen der Erstberufung in ein Beamtenverhältnis auf Zeit berufene/r Professor/in den Ruf auf eine unbefristete und mindestens

9 Siehe zum Bewährungserfordernis bereits § 41 Abs. 1 BbgHG 2008 (vgl. GVBl. I Nr. 17 v. 19.12.2008).

10 Ebs. *Knopp*, in: Knopp/Peine/Topel (Hrsg.), Brandenburgisches Hochschulrecht, 3. Aufl. 2018, § 43 BbgHG, Rn. 12; siehe auch *Dorf*, Führungspositionen auf Zeit, DÖV 2009, 14, 20.

11 ABl./14, [Nr. 42], S. 1288. Siehe bereits den Erlass des Ministeriums für Wissenschaft, Forschung und Kultur vom 02.08.2010 über die Befristung der Dienstverhältnisse von Professorinnen und Professoren bei der ersten Berufung in ein Professorenamt gemäß § 41 des Brandenburgischen Hochschulgesetzes (ABl. [Nr. 35], S. 1497 f.) zur Verfahrensweise bei Feststellung der Bewährung.

12 Erlass v. 27.08.2014, ABl./14, [Nr. 42], S. 1288, Nr. 5.

gleichwertige Professur an einer anderen Hochschule vorlegt oder ein gleichwertiges Einstellungsangebot eines anderen Arbeitgebers glaubhaft macht. Dann kann das Beamtenverhältnis auf Zeit auch vor seinem Ablauf in ein Beamtenverhältnis auf Lebenszeit umgewandelt werden, wenn die Stelle vor der befristeten Besetzung unbefristet ausgeschrieben war. Nach der Gesetzesbegründung aus dem Jahr 2014 sei „der Ruf auf eine unbefristete und mindestens gleichwertige Professur an einer anderen Hochschule Indiz für die Bewährung und die Qualität der Professorin oder des Professors (...)."[13] Auch in diesen Fällen kann auf eine Ausschreibung und ein neues Berufungsverfahren verzichtet werden, allerdings ist ein Genehmigungsvorbehalt des Ministeriums vorgesehen (§ 40 Abs. 1 S. 4 BbgHG), um die Einhaltung der (recht offen formulierten) Voraussetzungen zu gewährleisten (und ggf. zusätzlich ein oder mehrere Gutachten von auf dem Berufungsgebiet anerkannten auswärtigen Wissenschaftlerinnen oder Wissenschaftlern oder Künstlerinnen oder Künstlern einzuholen). Mit der Neuregelung (§ 42 Abs. 1 S. 6 Nr. 2 i.V.m. S. 7 BbgHG-E) entfällt die Möglichkeit der Einholung weiterer Gutachten.

Schließlich wird noch eine erneute Berufung im Beamtenverhältnis auf Zeit eröffnet (§ 43 Abs. 1 S. 5 BbgHG/§ 45 Abs. 1 S. 5 BbgHG-E), ohne die Voraussetzungen und Verfahrensweise näher auszugestalten; insoweit ist auch unklar, ob auf eine Ausschreibung und ein erneutes Berufungsverfahren verzichtet werden kann – der Fall einer erneuten Befristung wird in § 40 Abs. 1 BbgHG/§ 42 Abs. 1 S. 6 BbgHG-E nicht behandelt.

5. Übertragung höherwertiger Professuren

§ 40 Abs. 1 S. 6 BbgHG/§ 42 Abs. 1 S. 6 Nr. 3 BbgHG-E sieht einen Ausschreibungsverzicht (unter einem Zustimmungsvorbehalt zugunsten der Gleichstellungsbeauftragten) vor, wenn ein/e Juniorprofessor/in auf eine Professur derselben Hochschule berufen werden soll.

Nach § 6 Abs. 2 GWHL[14] durfte die Universitätsleitung der Brandenburgischen Technischen Universität Cottbus-Senftenberg nach der Hochschulfusion in der Lausitz den Professorinnen oder Professoren der ehemaligen Hochschule Lausitz, bei denen zusätzliche wissenschaftliche oder künst-

13 Vgl. Gesetzentw. d. LReg v. 09.01.2014, LT-Drucks. 5/8370, Begründung zu § 43, S. 20, mit Verweis auf LT-Drucks. 4/6419 v. 25.06.2008 Begründung zu § 41, S. 100.

14 Gesetz zur Weiterentwicklung der Hochschulregion Lausitz v. 11.02.2013 (GVBl.I/13, [Nr. 04]), geänd. d. G. v. 28.04.2014 (GVBl.I/14, [Nr. 18]).

lerische Leistungen vorliegen, dauerhaft die Funktion einer Professorin oder eines Professors für andere als anwendungsbezogene Studiengänge im Sinne des § 39 Abs. 3 S. 2 BbgHG übertragen. Voraussetzung hierfür war einerseits ein mit dem Struktur- und Entwicklungsplan der Universität ausgewiesener Bedarf und andererseits ein Vorschlag des hierfür eingerichteten Organs, in welchem die Professorinnen und Professoren, die die Einstellungsvoraussetzungen für Universitätsprofessuren (insb. zusätzliche wissenschaftliche Leistungen, § 39 Abs. 1 Nr. 4 Buchst. a) BbgHG) erfüllen, und die in einer Zwischenevaluation bewährten Juniorprofessorinnen und Juniorprofessoren die Mehrheit der Stimmen besitzen. Die Grundlage des Vorschlags und der Entscheidung der Hochschulleitung über Übertragung bilden mindestens zwei Gutachten von auf dem Fachgebiet anerkannten, auswärtigen Wissenschaftlerinnen oder Wissenschaftlern oder Künstlerinnen oder Künstlern, die ihrerseits über die Einstellungsvoraussetzungen für Universitätsprofessuren (insb. zusätzliche wissenschaftliche Leistungen, § 39 Abs. 1 Nr. 4 Buchst. a) BbgHG) verfügen. Weil ein der Hochschulfusion vorausgehendes Gutachten an der früheren Hochschule Lausitz „Forschung und Lehre auf universitärem Niveau" identifiziert[15] hatte, sollte dieses qualitätssichernde Verfahren einen „praktischen Bedarf" an der Übertragung von Dienstaufgaben in Forschung und Lehre für andere als anwendungsbezogene Studiengänge erfüllen.[16]

6. Zugangsvoraussetzungen für Gremienmitwirkung

§ 31 Abs. 5 BbgHG/§ 32 Abs. 5 BbgHG-E eröffnet die Kooperation zwischen Universitäten und Fachhochschulen in Promotionsverfahren. Eine entsprechende Promotion ist durch einen Universitätsprofessor bzw. -professorin und einen Fachhochschulprofessor bzw. -professorin zu betreuen (beide Gruppen werden als Hochschullehrerin oder Hochschullehrer bezeichnet). Spezielle Anforderungen an die/den Fachhochschulprofessor/innen sieht das Gesetz auch für die Mitwirkung als Gutachterinnen und Gutachtern und Prüferinnen und Prüfern in kooperativen Promotionsverfahren nicht vor. Auch wenn in der Neuregelung wörtlich zwischen „Hochschullehrerin oder einem Hochschullehrer einer Universität und einer Professorin oder

15 Vgl. Bericht der Lausitz-Kommission „Empfehlungen zur Weiterentwicklung der Hochschulregion Lausitz" (Kurzfassung), 2012, S. 8: „Im Fachgebiet Biotechnologie erreicht die Hochschule universitäres Niveau."

16 Siehe LT-Drucks. 5/6180, S. 36 f. d. Begr.

einem Professor einer Fachhochschule" unterschieden wird, bleibt es bei der Sollvorschrift (§ 32 Abs. 5 S. 4 BbgHG-E) zur Bestellung von Professorinnen oder Professoren von Fachhochschulen zu Gutachterinnen und Gutachtern und Prüferinnen und Prüfern in kooperativen Promotionsverfahren. Ausdrücklich eröffnet nur § 6 Abs. 5 S. 1 GWHL den Professorinnen und Professoren für anwendungsbezogene Studiengänge (an der BTU Cottbus-Senftenberg) die Befugnis zur Betreuung von Dissertationen, die über die Einstellungsvoraussetzungen nach § 41 Abs. 1 Nr. 4 Buchst. a oder Nr. 4 Buchst. a) und b) BbgHG verfügen und das Vorliegen der Einstellungsvoraussetzungen in einem Berufungsverfahren nachgewiesen wurde.

Nachdem das Graduierteninstitut für angewandte Forschung der Fachhochschulen in Nordrhein-Westfalen in ein Promotionskolleg umgewandelt wird (§ 67b Abs. 1 HG NW), soll auch in Brandenburg zukünftig ein Promotionskolleg als wissenschaftliche Einrichtung der Fachhochschulen Promotionen durchführen und hierzu im Ganzen oder in fachlich abgrenzbaren Teilen das Promotionsrecht verliehen bekommen (§ 33 Abs. 1 BbgHG-E).[17] Dabei wird die Verleihung des Promotionsrechts unter den Vorbehalt gestellt (§ 33 Abs. 2 S. 1 BbgHG-E), dass „die dem Promotionskolleg zugeordneten Professorinnen und Professoren, soweit die Verleihung des Promotionsrechts beantragt wird, besondere Leistungen in der anwendungsbezogenen Forschung erbringen und eine angemessene Forschungsstärke nachweisen". Diese und weitere Voraussetzungen sind in einer Begutachtung durch eine durch das Wissenschaftsministerium bestimmten sachverständigen Einrichtung oder Gutachtergruppe aus mindestens fünf externen Wissenschaftlerinnen und Wissenschaftlern nachzuweisen. Die dem Promotionskolleg zugrundeliegende Kooperationsvereinbarung der Fachhochschulen (und ggf. der BTU Cottbus-Senftenberg) bedarf zu ihrer Wirksamkeit der Genehmigung des Ministeriums und muss Regelungen enthalten (u.a.) zu seiner Struktur, Organisation und Leitung, zum Verfahren und den Kriterien der Zuordnung von Hochschullehrerinnen und Hochschullehrern zum Promotionskolleg (§ 33 Abs. 3 BbgHG-E).

7. Leistungsbewertung für Ausstattungsfragen

In § 40 Abs. 11 BbgHG/§ 42 Abs. 11 BbgHG-E findet sich lediglich die allgemeine Regelung, dass die Ausstattung des Fachbereichs eines Hochschullehrers bzw. einer -lehrerin befristet gewährt wird. Vorschriften darüber

17 Siehe bereits *Herrmann*, WissR 47 (2014), 237 ff. m.w.N.

ob und wie die Leistung der Person konkret bewertet wird, finden sich nicht. Bezogen auf die Fachbereiche obliegt der Dekanin oder dem Dekan nach § 73 Abs. 4 BbgHG/§ 82 Abs. 4 S. 1 BbgHG-E die Verteilung der zur Verfügung stehenden Stellen und Mittel des Fachbereichs unter Berücksichtigung einer Evaluation (§ 27 Abs. 2 BbgHG/§ 8 Abs. 2 BbgHG-E) von Lehre und Forschung an die einzelnen Einrichtungen. Das dezentrale Vertretungsorgan (z.B. Fakultätsrat) wirkt an der Evaluation von Forschung und Lehre nach § 73 Abs. 2 S. 1 Nr. 6/§ 81 Abs. 2 S. 1 Nr. 6 BbgHG-E mit. Gesamtheitlich für die Hochschule weist § 65 Abs. 1 S. 4 Nr. 4 u. 5 BbgHG/§ 71 Abs. 1 S. 4 Nr. 4 und 5 BbgHG-E der Präsidentin oder dem Präsidenten die Befugnis zur Evaluation der Forschung in den Fachbereichen und zentralen Einrichtungen zu sowie zur darauf beruhenden Bewirtschaftung und Zuweisung von Stellen und Mitteln.

8. Leistungsbewertung bei der Leistungsbezügegewährung

Nach § 30 Abs. 1 BbgBesG[18] können Leistungsbezüge als Berufungs- oder Bleibe-Leistungsbezüge, für besondere Leistungen oder als Funktionsleistungsbezüge gewährt werden. Leistungsbezüge für besondere Leistungen können nach § 32 BbgBesG für besondere Leistungen in den Bereichen Forschung, Lehre, Kunst, Weiterbildung oder Nachwuchsförderung gewährt werden, die erheblich über dem Durchschnitt liegen und in der Regel über mehrere Jahre erbracht werden müssen. Dort finden sich zwar weitere Regelungen, wonach die Leistungsbezüge als Einmal- oder als laufende Zahlung, grundsätzlich befristet und bei erneuter Vergabe wieder befristet oder aber auch unbefristet gewährt werden können, wobei die Höhe unbefristet gewährter Leistungsbezüge auch an die regelmäßigen Besoldungsanpassungen angeknüpft werden kann. Auch sind weitere Regelungen zur Gesamthöhe der Leistungsbezüge (§ 34 BbgBesG) und ihrer Ruhegehaltfähigkeit (§ 35 BbgBesG) sowie zum Verhältnis zu Forschungs- und Lehrzulagen als weiteren Besoldungsbestandteilen (§ 36 BBgBesG) geregelt. Wer die Qualität der Leistung beurteilt und in welchem Verfahren dies zu geschehen hat, ist nicht gesetzlich geregelt – insoweit ermächtigt § 37 Abs. 2 BbgBesG einzelne Mitglieder der Landesregierung zum Erlass einer

18 Besoldungsgesetz für das Land Brandenburg (Brandenburgisches Besoldungsgesetz - BbgBesG) v. 20.11.2013 (GVBl.I/13, [Nr. 32], S.2, Nr. 34), zul. geänd. d. G. v. 17.12.2021 (GVBl.I/21, [Nr. 36], S. 2).

Verordnung über „die Grundsätze, das Verfahren und die Zuständigkeit sowie die Voraussetzungen und die Kriterien für die Vergabe von Leistungsbezügen und deren Ruhegehaltfähigkeit."[19]

Nach dieser Rechtsverordnung entscheidet die Präsidentin bzw. der Präsident über die Gewährung von Berufungs- und Bleibe- (§ 2 Abs. 1 HLeistBV) sowie besonderen Leistungsbezügen (§ 3 Abs. 1 HLeistBV). Der Entscheidung liegt jeweils ein Vorschlag der Dekanin oder des Dekans zugrunde; die Gründe sind aktenkundig zu machen, der Kanzlerin oder dem Kanzler steht eine beratende Mitwirkung zu. Weitere Verfahrensregelungen gibt es nicht, insbesondere ist eine Beteiligung der zentralen oder dezentralen Gremien oder eine sonstige Mitwirkung der Wissenschaftler/innen nicht vorgeschrieben. Zudem bestimmt § 3 Abs. 3 HLeistBV, dass bei der Bewertung individueller Leistungen die Ergebnisse der Lehr- und Forschungsevaluation sowie die Mitwirkung an der Erfüllung von Hochschulverträgen und anderen Ziel- und Leistungsvereinbarungen über Aufgabenwahrnehmung und Entwicklung der Hochschulen zu berücksichtigen und die Erwägungen und Feststellungen, die der Bewertung der individuellen Leistung zugrunde liegen, aktenkundig zu machen sind. Die Bestimmung eines Maßstabs der Gewährungsentscheidung selbst bleibt den Hochschulen überlassen. Der Verordnungsgeber verlangt dafür geeignete Kriterien für die Bemessung der besonderen Leistungen in den Bereichen Forschung, Lehre, Kunst, Weiterbildung und Nachwuchsförderung entsprechend dem jeweiligen Aufgabenprofil und zählt als beispielhafte Leistungsbereiche auf (§ 3 Abs. 1 HLeistBV), in denen ein besonderes Engagement festgestellt und bewertet werden soll, namentlich

- bei der Betreuung Studierender, Hochbegabter, Absolventinnen und Absolventen sowie des wissenschaftlichen und künstlerischen Nachwuchses,
- bei Studienreformangelegenheiten, bei der Entwicklung innovativer Studiengänge und von Weiterbildungsangeboten, beim Fernstudium und bei der Qualitätssicherung,

19 Siehe Verordnung über Leistungsbezüge sowie Forschungs- und Lehrzulagen für Professoren und Professorinnen und hauptamtliche Hochschulleitungen im Geltungsbereich des Brandenburgischen Hochschulgesetzes (Hochschulleistungsbezügeverordnung - HLeistBV) v. 17.07.2014 (GVBl.II/14, [Nr. 48]), geänd. d. V. v. 04.08.2015 (GVBl.II/15, [Nr. 38]).

- besondere Lehrerfolge und Lehrtätigkeiten, die über die gesetzliche Lehrverpflichtung, einschließlich der vom Lehrdeputat umfassten Weiterbildung, hinaus geleistet werden,
- herausragendes internationales Engagement in Wissenschaft, Forschung und Kunst, bei der Betreuung und Integration ausländischer Studierender sowie beim internationalen Austausch,
- bei der Bildung von Forschungsschwerpunkten und Sonderforschungsbereichen, beim Wissenschaftstransfer einschließlich Existenzgründungen und Erfinderverwertungen sowie bei Ausstellungen, Konzerten, Aufführungen und bei künstlerischen Entwicklungsvorhaben und Projekten,
- bei der Kooperation mit anderen Hochschulen, mit Schulen sowie mit Einrichtungen von Wissenschaft, Kunst und Praxis,
- bei der Gleichstellung von Wissenschaftlerinnen und Wissenschaftlern, oder
- ein besonders hoher Anteil an Drittmitteln, Weiterbildungseinnahmen und Sponsorenmitteln. Die Einbringung von Drittmitteln könne nur berücksichtigt werden, soweit nicht aus demselben Anlass eine Forschungs- und Lehrzulage gewährt wird.

Welche Schwerpunkte die Hochschule bzw. eine Fakultät dafür setzt, ob die Maßstäbe allgemein an alle Hochschullehrenden gleichermaßen gestellt werden, ob unterschiedliche Ausprägungen und in verschiedenen Bereichen festgestellte Sonderleistungen zu verschiedenen Gewährungsentscheidungen führen und welche Folgen allgemein an besonders starke oder besonders langanhaltende Sonderleistungen geknüpft werden, kann die Hochschule autonom festlegen. Gegenüber diesen sehr breitgefächerten Regelungen zum System und zur Gewährung von Leistungsbezügen fällt im Hochschulgesetz (und im Entwurf der Novelle) auf, dass keinerlei Bestimmungen zur Mitwirkung der Wissenschaftler an der Erarbeitung der Bewertungsmaßstäbe und -kriterien ausgestaltet und geregelt sind. Auch der nach § 37 Abs. 1 BbgBesG vorgesehene und zum 01.01.2018 vorzulegende Evaluationsbericht der Landesregierung gegenüber dem Landtag wurde noch nicht erstattet oder jedenfalls nicht veröffentlicht.

III. Grundrechte bei der Bewertung wissenschaftlicher Leistungen

Die Wissenschaftsfreiheit gem. Art. 5 Abs. 3 GG, Art. 31 LVerf enthält nicht nur das Abwehrrecht, verstanden als Freiheit von staatlichen Geboten und Verboten, zum Schutz des Kernbereichs wissenschaftlicher Betätigung – das sind die auf wissenschaftlicher Eigengesetzlichkeit beruhenden Prozesse, Verhaltensweisen und Entscheidungen bei der Suche nach Erkenntnissen, ihrer Deutung und Weitergabe. Dieses Grundrecht verpflichtet den Staat auch zum Schutz und Förderung und gewährt den in der Wissenschaft Tätigen Teilhabe an öffentlichen Ressourcen und an der Organisation des Wissenschaftsbetriebs. Allerdings schützt die Wissenschaftsfreiheit nicht vor Beschränkungen, die für den einzelnen Grundrechtsträger aufgrund des Zusammenwirkens mit anderen Grundrechtsträgern im Wissenschaftsbetrieb unvermeidbar sind.[20]

Aus der Wissenschaftsfreiheit lässt sich freilich „ein Verbot der Bewertung wissenschaftlicher Qualität oder ein Verbot, an die Evaluation wissenschaftlicher Leistungen Folgen bei der Ressourcenverteilung zu knüpfen“, nicht entnehmen.[21] Wissenschaftliche Leistungen sind traditionell in Promotionsverfahren, Habilitationsverfahren und sonstigen Verfahren im Wissenschaftsbereich einer kritischen Bewertung unterstellt.[22] Zugleich gemahnte das Bundesverfassungsgericht an „nicht nur unerhebliche Gefahren“: Damit der von Evaluationen ausgelöste Druck, z.B. zur Orientierung an extern gesetzten Bewertungskriterien, nicht zu Fehlentwicklungen führe, müssten die zur Evaluation benutzten, hochschulextern oder -intern festgesetzten Bewertungskriterien hinreichenden Raum für wissenschaftseigene Orientierungen belassen. Evaluationskriterien berühren die Wissenschaftsfreiheit schon in dem Sinne, dass der Zugang zu und die Verteilung von öffentlichen Mitteln von Evaluationsergebnissen abhängt und die Hochschulangehörigen auf den öffentlichen Wissenschaftsbetrieb und dessen Ressourcen angewiesen sind.[23]

---

20 BVerfG, Beschl. v. 26.10.2004 – 1 BvR 911/00, BVerfGE 111, 333 = juris, Rn. 134; Urt. v. 29.05.1973 – 1 BvR 424/71, BVerfGE 35, 79, 115 = juris, Rn. 112 f.

21 BVerfG, Beschl. v. 26.10.2004 – 1 BvR 911/00, BVerfGE 111, 333 = juris, Rn. 151.

22 Vgl. BVerfG, Beschl. v. 11.01.1994 – 1 BvR 434/87, BVerfGE 90, 1, 11 ff.; Urt. v. 17.08.1956 – 1 BvR 2/51, BVerfGE 5, 87, 145; BVerwG, Urt. v. 23.09.1992 – 6 C 2.91, BVerwGE 91, 25, 37; OVG Münster, Urt. v. 13.02.1997 – 22 A 3309/93, juris, Rn. 55.

23 BVerfG, Beschl. v. 26.10.2004 – 1 BvR 911/00, BVerfGE 111, 333 = juris, Rn. 150; VGH Mannheim, Urt. v. 19.12.2019 – 9 S 838/18, juris, Rn. 47.

Mit der Wissenschaftsfreiheit nach Art. 5 Abs. 3 S. 1 GG ist auch vereinbar, dass Leitungsorgane einer Hochschule die Evaluation der wissenschaftlichen Leistungen von Professoren in dem Forschung und Lehre unmittelbar betreffenden Bereich durchführen und die Ergebnisse bei der Ressourcenverteilung berücksichtigen.[24] Als im Zusammenhang mit der Akkreditierung von Studiengängen hochschulextern festgesetzte Bewertungskriterien Bedeutung erlangten, forderte das Bundesverfassungsgericht aber zur Vermeidung wissenschaftsinadäquater Steuerungspotentiale eine gesetzliche Ausgestaltung der angemessenen Beteiligung der Wissenschaft, insbesondere an der Festlegung der Bewertungskriterien.[25]

Aus der Wissenschaftsfreiheit werden zudem verfahrensbezogene Anforderungen für die Bewertungsentscheidung abgeleitet. Soweit die Leistungsbewertung den Zugang zu einem reglementierten Beruf betrifft, leitete die Rechtsprechung aus Art. 5 Abs. 3 GG den Anspruch ab (siehe auch § 15 Abs. 4 HRG), dass (wissenschaftliche) Prüfungsleistungen nur von solchen Personen abgenommen und bewertet werden dürfen, die mindestens die durch die Prüfung festzustellende oder eine gleichwertige Qualifikation besitzen.[26] Geht es um Habilitationsverfahren[27], dürfe die Bewertung nur Personen überlassen werden, die selbst habilitiert sind oder über eine gleichwertige Qualifikation verfügen. Zusätzlich müsse im Habilitationsverfahren der zur sachkundigen Bewertung erforderliche fachwissenschaftliche Sachverstand in dem zur Entscheidung berufenen Gremium nicht nur eingebracht, sondern auch dessen maßgebliche Berücksichtigung bei der Bewertungsentscheidung sichergestellt sein. Den einbezogenen Gutachten externer sachverständiger Wissenschaftler/innen komme eine prinzipielle „Bindungswirkung" für die Mitglieder des Fachbereichsrats oder der Habilitationskommission zu – von der fachlichen Bewertung der Gutachter/in-

24 Vgl. BVerfG, Beschl. v. 26.10.2004 – 1 BvR 911/00, juris, Rn. 149, 151.

25 BVerfG, Beschl. v. 17.02.2016 – 1 BvL 8/10, BVerfGE 141, 143 = juris, Rn. 60.

26 BVerfG, Urt. v. 29.05.1973 – 1 BvR 424/71, BVerfGE 35, 79, 133 = juris, Rn. 141; BVerwG, Urt. v. 22.02.1974 – VII C 9.71, BVerwGE 45, 39, 48= juris, Rn. 44; siehe schon *Herrmann*, in: Knopp/Peine/Topel, Brandenburgisches Hochschulgesetz, 3. Auflage 2018, § 31 BbgHG, Rn. 20.

27 Für Folgendes: BVerfG, Beschl. v. 04.11.2010 – 1 BvR 3389/08, BVerfGK 18, 158 = juris, Rn. 60 f., unter Verweis auf BVerwG, Urt. v. 16.03.1994 – 6 C 1/93, BVerwGE 95, 237, 244 f.

nen dürften sie nur abweichen, wenn sie ihrem widersprechenden Votum eine schriftlich begründete sachkundige Stellungnahme beifügen.[28]

Dabei ist in der Rechtsprechung zur Bewertung wissenschaftlicher Leistungen noch nicht abschließend geklärt, wie **verbindlich die Einbeziehung der Wissenschaftler/innen** bei der Aufstellung von Bewertungskriterien und ihrer Anwendung auf den konkreten Fall ausgestaltet sein muss. Soweit es um die Übertragung einer Professur oder die Fragestellung geht, ob die (Einstellungs-)Voraussetzungen hierfür vorliegen, greifen allerdings die von den Fachgerichten und vom Bundesverfassungsgericht aus Art. 5 Abs. 3 GG abgeleiteten Anforderungen an das Berufungsverfahren, das die eigentlichen Träger der freien Forschung und Lehre innerhalb der Universität bestimmt und deshalb mit der Garantie der Wissenschaftsfreiheit besonders eng verknüpft ist.[29] Der Meinung der an der Hochschule bereits tätigen Wissenschaftlerinnen und Wissenschaftlern kommt in solchen Angelegenheiten eine besondere Bedeutung zu, deshalb müssen sie beteiligt und dürfen in den maßgeblichen Gremien nicht auf ein Minderheitsvotum verwiesen werden.[30] Außerdem kann es dabei nur um eine im Verhältnis zu hochschulexternen Stellen verbindliche Einschätzung gehen: Für Berufungsverfahren ist geklärt, dass der Hochschule und den nach ihrer Binnenverfassung zuständigen Organen eine durch Art. 5 Abs. 3 GG verfassungsrechtlich geschützte Beurteilungskompetenz über die Qualifikation einer Bewerberin bzw. eines Bewerbers für eine Professorenstelle zusteht. Das bedeutet, dass die Hochschule über die Qualifikation für eine Hochschullehrerstelle grundsätzlich abschließend und mit Bindungswirkung gegenüber der für die Einstellungsentscheidung zuständigen Dienstbehörde und der gerichtlichen Überprüfung – und damit letztlich auch gegenüber den einzelnen Bewerberinnen und Bewerbern – entscheidet. Die Auswahlentscheidung kann von der Aufsichtsbehörde und von Bewerbenden nur beanstandet werden, wenn sie verfahrensfehlerhaft zustande gekommen ist oder die Hochschule den Beurteilungsspielraum überschritten hat, etwa weil die Entscheidung ersichtlich auf der Verkennung von Tatsachen oder auf sachfremden Erwägungen beruht.[31] Dies gilt vor allem und in

---

28 BVerfG, Beschl. v. 04.11.2010 – 1 BvR 3389/08, BVerfGK 18, 158 = juris, Rn. 60 ff., unter Verweis auf BVerwG, Urt. v. 16.03.1994 – 6 C 1/93, BVerwGE 95, 237, 248; OVG Münster, Urt. v. 16.01.1995 – 22 A 969/94, WissR 29 (1996), 185, 188 ff.

29 BVerfG, Urt. v. 29.05.1973 – 1 BvR 424/71, BVerfGE 35, 79 = juris, Rn. 142.

30 BVerfG, Urt. v. 29.05.1973 – 1 BvR 424/71, BVerfGE 35, 79 = juris, Rn. 170.

31 Vgl. BVerwG, Urt. v. 20.10.2016 – 2 C 30.15, juris, Rn. 20; OVG Bautzen, Beschl. v. 06.06.2017 – 2 B 64/17, juris, Rn. 12; VGH München, Beschl. v. 05.01.2012 – 7 CE

erster Linie für die Feststellung und Beurteilung der wissenschaftlichen Eignung und der notwendigen Lehrbefähigung der Bewerber/innen. Insofern entfaltet der Berufungsvorschlag der Hochschule grundsätzlich Bindungswirkung für die fachliche Qualifikation der Bewerber/innen, soweit das Qualifikationsfeststellungsverfahren der Hochschule zu rechtlichen Beanstandungen keinen Anlass bietet.[32] Weicht das Fachministerium oder die Dienstbehörde ohne hinreichende Gründe von dem grundsätzlich bindenden Berufungsvorschlag der Hochschule ab, vor allem dann, wenn die Gutachter/innen und die Berufungskommission der Hochschule die vorgeschlagene Person für uneingeschränkt berufbar halten, ist diese Entscheidung fehlerhaft.[33] Auch im Bereich der Qualifikationsfeststellung, ob eine Person nach ihren wissenschaftlichen Leistungen die Einstellungsvoraussetzungen für eine Professur erfüllt, besteht nach der Rechtsprechung ein Beurteilungsvorrecht der Hochschule im Verhältnis zur staatlichen Hochschulverwaltung.[34]

Daneben ist bei Besetzungsentscheidungen für Stellen und Funktionen im öffentlichen Dienst der Grundsatz der Bestenauslese gem. Art. 33 Abs. 2 GG, Art. 21 Abs. 2 S. 1 LVerf Bbg zu beachten. Aus diesen Verfassungsbestimmungen folgt ein grundrechtsgleicher Anspruch der Bewerber/innen auf leistungsgerechte Einbeziehung in die Bewerberauswahl – sie können verlangen, dass der Dienstherr oder öffentliche Arbeitgeber seine Stellenbesetzungsentscheidung nur auf Erwägungen stützt, die durch den Leistungsgrundsatz gedeckt sind.[35] Dies wirkt sich auf die Möglichkeiten und die Auslegung von Ausnahmetatbeständen aus, auf eine Ausschreibung

---

11.1432, juris, Rn. 17 f.; OVG Berlin-Brandenburg, Beschl. v. 16.03.2012 – OVG 5 S 12.11, juris, Rn. 4; Beschl. v. 29.03.2007 – OVG 4 S 16.06, juris, Rn. 5; OVG Münster, Urt. v. 03.05.2018 – 6 A 815/11, Rn. 70; VG Cottbus, Urt. v. 19.02.2014 – 5 K 735/12, BeckRS 2015, 40129 Rn. 28 (zur erneuten Befristung eines Beamtenverhältnisses entgegen der Empfehlung der Hochschule); *Epping*, Niedersächsisches Hochschulgesetz, 1. Aufl. 2016, § 26 Rn 1.

32 OVG Lüneburg, Beschl. v. 24.10.2018 – 5 ME 82/18, juris, BVerfG, Beschl. v. 04.03.2014 – 1 BvR 3606/13, juris, Rn 20; BVerwG, Urt. v. 20.10.2016 – 2 C 30.15, juris, Rn 20; OVG Koblenz, Beschl. v. 06.08.2018 – 2 B 10742/18, juris, Rn 4 f.; Beschl. v. 28.09.2007 – 2 B 10825/07 u.a., juris, Rn 5.

33 OVG Lüneburg, Beschl. v. 02.05.2019 – 5 ME 68/19, juris, Rn. 28 f.

34 OVG Hamburg, Urt. v. 30.06.1995 – Bf I 27/94, juris, Rn. 65.

35 Sofern VG Berlin, Urt. v. 22.10.2015 – 5 K 179.14, juris, Rn. 14, einem ausgewählten Bewerber sogar einen Anspruch auf Ernennung zuerkennt (unter Verweis auf BVerwG, Beschl. v. 27.09.2007 – 2 C 21.06, juris, Rn. 45), wird übersehen, dass es dort um die Übertragung höherwertiger Ämter ging, die zunächst mehrere Jahre im Beamtenverhältnis auf Zeit wahrgenommen worden sind.

zu verzichten[36], auf die Möglichkeit der Steuerung des Bewerberkreises durch konstitutive Anforderungskriterien[37] und die Anforderungen an die Dokumentation der Leistungsfeststellung und -bewertung.[38] Außerdem ist bei der Anstellung von Professor/innen im Beamtenverhältnis auf Zeit ein Bescheidungsanspruch der Beamtin oder des Beamten zu beachten, ob zum Ablauf ihres/seines Beamtenverhältnisses auf Zeit durch Übernahme (vgl. § 8 Abs. 1 Nr. 2 BeamtStG) ein Beamtenverhältnis auf Lebenszeit begründet wird.[39] Auf zusätzliche individuelle Gewährleistungen aus dem Gleichbehandlungsgebot gem. Art. 3 Abs. 1 GG (Grundsatz der Chancengleichheit) und dem Gebot effektiven Rechtsschutzes gem. Art. 19 Abs. 4 GG (Verbot der Schaffung vollendeter Tatsachen, Vorwirkung auf das Verwaltungsverfahren) kann hier nur allgemein hingewiesen werden.

IV. Regelungsauftrag an den Gesetzgeber

Nach der Rechtsprechung enthält Art. 5 Abs. 3 Satz 1 GG neben einem individuellen Freiheitsrecht eine objektive, das Verhältnis von Wissenschaft, Forschung und Lehre zum Staat regelnde wertentscheidende Grundsatznorm: Der Staat muss danach für funktionsfähige Institutionen eines freien Wissenschaftsbetriebs sorgen und durch geeignete organisatorische Maßnahmen sicherstellen, dass das individuelle Grundrecht der freien wissenschaftlichen Betätigung soweit unangetastet bleibt, wie das unter Berücksichtigung der anderen legitimen Aufgaben der Wissenschaftseinrichtungen und der Grundrechte der verschiedenen Beteiligten möglich

---

36 So z.B. BVerfG, Beschl. v. 01.08.2006 – 2 BvR 2364/03, BVerfGK 9, 1 ff. = juris, Rn. 16.

37 Vgl. BVerfG, Beschl. v. 26.11.2010 – 2 BvR 2435/19, juris, Rn. 13; Beschl. v. 08.10.2007 – 2 BvR 1846/07, juris, Rn. 17 f.; OVG Münster, Beschl. v. 07.10.2020 – 1 B 421/20, Rn. 13; siehe bereits *Herrmann*, LKV 2015, 97, 98 m.w.N.

38 BVerfG, Beschl. v. 09.07.2007 – 2 BvR 206/07, BVerfGK 11, 398 = NVwZ 2007, 1178 = juris, Rn. 21; OVG Magdeburg, Beschl. v. 16.01.2013 – 1 M 1/13, juris, Rn. 6; OVG Schleswig, Beschl. v. 08.12.2020 – 2 MB 28/20, juris, Rn. 9.

39 Ausführlich BVerfG, Beschl. v. 28.05.2008 – 2 BvL 11/07, juris; weitergehend für einen Anspruch auf Verbeamtung auf Lebenszeit (aus Art. 33 Abs. 5 GG), wenn ein Beamter zu Unrecht in ein Beamtenverhältnis auf Zeit berufen oder das Beamtenverhältnis zu Unrecht nicht verlängert oder entfristet worden ist: VG Frankfurt a.M., Beschl. v. 07.05.2012 – 9 L 297/12.F, juris, Rn. 3.

ist.[40] Dem steht auf Seiten der Hochschule die hochschulrechtliche Satzungsautonomie entgegen, die in den Schutzbereich von Art. 5 Abs. 3 S. 1 GG fällt und die akademische Selbstgesetzgebung und Selbstverwaltung umfasst.[41] Die zuvor genannten Abwehrrechte und die Satzungsautonomie der Hochschule begrenzen die Gestaltungsfreiheit des Gesetzgebers ebenso wie das Rechtsstaatsprinzip und Demokratiegebot, die die Gesetzgeber dazu verpflichten, die für die Grundrechtsverwirklichung maßgeblichen Regelungen selbst zu treffen.[42] Wann diese „Wesentlichkeit" eine Regelung durch den parlamentarischen Gesetzgeber erfordert, hängt vom jeweiligen Sachbereich und der Eigenart des betroffenen Regelungsgegenstandes ab. Wesentlich bedeutet im grundrechtsrelevanten Bereich in der Regel „wesentlich für die Verwirklichung der Grundrechte". Eine Pflicht zum Tätigwerden des Gesetzgebers besteht insbesondere in mehrdimensionalen, komplexen Grundrechtskonstellationen, in denen miteinander konkurrierende Freiheitsrechte aufeinandertreffen und deren jeweilige Grenzen fließend und nur schwer auszumachen sind. Eine solche Pflicht ist regelmäßig auch dann anzunehmen, wenn die betroffenen Grundrechte nach dem Wortlaut der Verfassung ohne Gesetzesvorbehalt gewährleistet sind und eine Regelung, welche diesen Lebensbereich ordnen will, damit notwendigerweise ihre verfassungsimmanenten Schranken bestimmen und konkretisieren muss.[43]

Hinsichtlich der Ausgestaltung von Evaluationen war das Bundesverfassungsgericht zunächst sehr zurückhaltend und ließ die allenfalls rudimentäre Ausgestaltung von Evaluationsverfahren und Evaluationskriterien im Brandenburgischen Hochschulgesetz 1999 für wissenschaftliche Leistungen in Lehre und Forschung unbeanstandet: Im damaligen Stadium der Diskussion, Erprobung und erst allmählichen Herausbildung bewährter Praktiken der Wissenschaftsevaluation auf lokaler, nationaler und internationaler Ebene sei der Gesetzgeber verfassungsrechtlich noch nicht gehalten, solche Kriterien festzuschreiben. Vielmehr kann er im Rahmen seines

40 Vgl. BVerfG, Urt. v. 29.05.1973 – 1 BvR 424/71, BVerfGE 35, 79, 112 ff.; Urt. v. 10.03.1992 – 1 BvR 454/91, BVerfGE 85, 360, 384; Beschl. v. 31.05.1995 – 1 BvR 1379/94, BVerfGE 93, 85, 95.

41 OVG Bautzen, Urt. v. 18.05.2021 – 2 C 7/20, juris, Rn. 26; OVG Magdeburg, Urt. v. 25.10.2022 – 1 L 97/21, juris, Rn. 60, unter Verweis auf BVerwG, Urt. v. 21.06.2017 – 6 C 4.16, juris, Rn. 18, und BVerfG, Beschl. v. 02.05.1961 – 1 BvR 203/53, juris Rn. 28.

42 BVerfG, Beschl. v. 12.05.2015 – 1 BvR 1501/13, BVerfGE 139, 148 = juris, Rn. 51, 65 m.w.N.; Beschl. v. 21.04.2015 – 2 BvR 1322/12 ua., BVerfGE 139, 19.

43 VGH Mannheim, Urt. v. 19.12.2019 – 9 S 838/18, juris, Rn. 41.

Einschätzungs- und Prognosespielraums die Herausarbeitung von solchen Kriterien zunächst einem inneruniversitären Prozess überlassen und sich zurückziehen auf eine Beobachtungs- und ggf. eine Nachbesserungspflicht, sobald Gefahren für die Wissenschaftsfreiheit, zum Beispiel durch die Verwendung wissenschaftsinadäquater Kriterien, auftreten.[44]

Als die Landesgesetzgeber aber nach mehreren Jahren der Beobachtung keinerlei Ausgestaltung der Qualitätssicherung wissenschaftlicher Lehre durch die Akkreditierung von Studiengängen ergriffen hatten, sah das Bundesverfassungsgericht in diesem Regelungsdefizit eine Verletzung der Wissenschaftsfreiheit (einer Hochschule). Die (Landes-)Gesetzgeber müssten bei wertenden grundrechtsrelevanten Entscheidungen regeln, wer diese zu treffen hat und wie das Verfahren ausgestaltet ist – auch für die Qualitätssicherung müsse ein Gesamtgefüge geschaffen werden, in dem Entscheidungsbefugnisse und Mitwirkungsrechte, Einflussnahme, Information und Kontrolle so ausgestaltet sind, dass Gefahren für die Freiheit der Wissenschaft vermieden werden.[45] Die Kriterien müssten offen sein dafür, dass in verschiedenen Disziplinen unterschiedliche Maßstäbe und Methoden bestünden, sowie für disziplinübergreifende Unterschiede, etwa hinsichtlich einer abstrakt-theoretischen Grundlagenforschung mit (ungewissem) langfristigem Ertrag gegenüber einer kurzfristig ausgerichteten anwendungs- und nachfrageorientierten wissenschaftlichen Tätigkeit. Eine Evaluation allein oder ganz wesentlich anhand eines einzigen Kriteriums, etwa eingeworbener Drittmittel, würde dem nicht gerecht. Soweit die Einwerbung von Drittmitteln als Bewertungskriterium dient, darf es sich nicht um Drittmittel handeln, deren Entgegennahme Anreize für eine auftrags- und ergebnisorientierte Forschung setzt.[46]

V. Bewertung des Referentenentwurfs

Legt man diese Anforderungen zugrunde, genügt der Referentenentwurf nur in Ansätzen den Anforderungen der verfassungsgerichtlichen Rechtsprechung. Die bestehenden Regelungsdefizite führen nicht nur zu einer

---

44 BVerfG, Beschl. v. 26.10.2004 – 1 BvR 911/00, BVerfGE 111, 333 ff. = juris, Rn. 153 f.

45 BVerfG, Beschl. v. 17.02.2016 – 1 BvL 8/10, BVerfGE 141, 143 ff. = juris, Rn. 60; m. Anm. *Herrmann*, WissR 2016, 3; *Geis*, OdW 2016, 193; *Otting/Ziegler*, NVwZ 2016, 1064; *Janz*, LKV 2016, 344; *Hufen*, JuS 2016, 855; *Frenz*, DVBl. 2016, 647; *Quapp*, DÖV 2017, 271.

46 BVerfG, Beschl. v. 26.10.2004 – 1 BvR 911/00, BVerfGE 111, 333 = juris, Rn. 152.

vermeidbaren Verunsicherung des wissenschaftlichen Nachwuchses und zur Notwendigkeit gerichtlicher Korrekturen. Sie sind auch vor dem Hintergrund des Schutzes der Wissenschaftsfreiheit vorhandener Wissenschaftler/innen verfassungsrechtlich zweifelhaft und müssen abgestellt werden. Wohlgemerkt handelt es sich hierbei um Ersteinschätzungen. Eine umfassendere, den Vergleich des Landesrechts aller Bundesländer berücksichtigende, Untersuchung bleibt vorbehalten.

1. Berufungsverfahren

Die Erarbeitung eines Berufungsvorschlags innerhalb der Hochschule ist im Land Brandenburg verhältnismäßig detailliert ausgestaltet. Insbesondere die Vorbereitung der Entscheidung dezentraler und zentraler Vertretungsorgane durch die Berufungskommission, deren Zusammensetzung und die Einbeziehung externer Sachverständigengutachten sind gesetzlich festgelegt. Soweit die Berufungskommission bei Bewerber/innen, die nicht habilitiert sind, das Vorliegen zusätzlicher wissenschaftlicher Leistungen feststellen muss, fehlt allerdings eine Regelung, wonach die Mitwirkungsbefugnis insofern auf Personen beschränkt ist, die wenigstens eine vergleichbare Qualifikation besitzen.

2. Bewährung auf einer Juniorprofessur

Die normative Ausgestaltung der Bewährungsfeststellung im Rahmen der Juniorprofessur durch § 48 Abs. 2 BbgHG-E erscheint unzureichend. Die Befugnis der Dekanin bzw. des Dekans, auf der Grundlage einer bewertenden Stellungnahme des fachbereichseigenen „Organs" unter Einbeziehung zweier externer Gutachten die Bewährung festzustellen, umreißt allenfalls Mindestanforderungen an das Verfahren. So wird nicht der aus Art. 5 Abs. 3 GG folgende Anspruch auf fachkundige Zusammensetzung und Prüfung gesetzlich gesichert, wonach im gesetzlich vorgesehenen „zuständigen Organ" des Fachbereichs nur Personen mitwirken dürfen, die wenigstens eine vergleichbare Qualifikation besitzen. Eine solche Regelung findet sich etwa seit 2021 in § 46 Abs. 6 S. 1 BerlHG: „An Leistungsbewertungen nach § 102b Absatz 2 und § 102c Absatz 4 (Bewährungsfeststellungen bei Junior- und Tenure-Track-Positionen) sowie bei Habilitationen, habilitationsäquivalenten Leistungen und Promotionen dürfen neben den Professoren und Professorinnen nur diejenigen Mitglieder des zuständigen Gremiums mitwirken, die eine entsprechende Qualifikation aufweisen."

Auch der Maßstab der Bewährung bleibt unklar: Zwar zählt § 41 Abs. 2 S. 1 BbgHG/§ 43 Abs. 2 S. 1 BbgHG-E auf, dass die zusätzlichen wissenschaftlichen Leistungen nach § 41 Abs. 1 Nr. 4 Buchst. a BbgHG/§ 43 Abs. 1 S. 1 1 Nr. 4 Buchst. a BbgHG-E u.a. im Rahmen einer Juniorprofessur erbracht werden können – am Ende ist aber ausschlaggebend, dass die aufgezählten Leistungen mit einer Habilitation gleichwertig sein müssen. Hier besteht zudem der systematische Widerspruch, dass § 41 Abs. 2 S. 2 BbgHG/§ 43 Abs. 2 S. 2 BbgHG-E Bewertung der Qualität der für die Besetzung einer Professur erforderlichen zusätzlichen wissenschaftlichen Leistungen „ausschließlich und umfassend im Berufungsverfahren" anordnet, andererseits mit der Bewährungsfeststellung ein eigenständiges Bewertungsverfahren ausgestaltet werden soll.

Die Ausgestaltung der einer Juniorprofessur nachempfundenen Qualifikationsprofessur für anwendungsbezogene Studiengänge muss hinsichtlich der o.g. Anforderungen nachgeprüft und überarbeitet werden. Die Feststellung, ob die Einstellungsvoraussetzungen – insbesondere die bei Berufung fehlenden und nachzuerwerbenden – am Ende des befristeten Anstellungsverhältnisses vorliegen, soll einem „Berufungsverfahren" vorbehalten bleiben. In § 49 Abs. 3 S. 4 BbgHG-E wird insoweit eine „Bewährungsfeststellung" verlangt[47], zu der die Hochschule Näheres durch Satzung regelt. Warum nicht eine parallele Bewährungsfeststellung durch das „zuständige Organ" des Fachbereichs vorgesehen wird und warum für das auf die Bewährungsfeststellung gerichtete „Berufungsverfahren" nur der Ausschreibungsverzicht zur Fortsetzung des Dienstverhältnisses nach Fristablauf in Betracht kommt (§ 42 Abs. 1 S. 6 Nr. 1 BbgHG-E), bleibt unklar. Abweichend von der Juniorprofessur, die nicht zwingend zur unbefristeten Wahrnehmung der Professur führt, soll die Qualifikationsprofessur eine Bewährungsfeststellung offenbar nur ermöglichen, wenn die Professorin oder der Professor sich für eine Fortsetzung des Anstellungsverhältnisses interessiert. Hier empfiehlt es sich, die Bewährungsfeststellungsverfahren bei der Junior- und Qualifikationsprofessur zu harmonisieren.

47 Nach dem Entwurf der Gesetzesbegründung (S. 37 d. Begr.) sollen das Vorliegen der Einstellungsvoraussetzungen nach § 43 BbgHG-E und die Feststellung der Bewährung als Hochschullehrerin oder Hochschullehrer Gegenstand eines regulären, aber dennoch verkürzten (anscheinend ohne Mitbewerbende durchgeführten) Berufungsverfahrens sein.

3. Zwischenevaluation und Abschlussevaluation bei Tenure-Track-Professuren

In Brandenburg wird die Tenure-Track-Professur so unscharf und wenig vorhersehbar ausgestaltet, dass es geradezu verwundert, wenn sich überhaupt Bewerbende auf eine Ausschreibung melden. Schon die Nachzeichnung[48] der rechtsirrigen Entscheidung des VGH Mannheim[49], wonach einschlägig habilitierte Bewerbende durch die Stellenausschreibung vom Zugang zur Tenure-Track-Professur ausgeschlossen werden können, sollte überdacht werden.[50] Von den Vorkehrungen der Bund-Länder-Verwaltungsvereinbarung vom 09.10.2016[51], dass die unbefristete Übertragung der Professur eine erfolgreiche, qualitätsgesicherte Evaluierung nach bei Berufung klar definierten und transparenten Kriterien verlangt (§ 4 Abs.1), findet sich schon im geltenden Recht nichts wieder. Möchte man den Bewerbenden um diese Qualifikationsmöglichkeiten Sicherheit über die Stationen und Anforderungen ihrer beruflichen Entwicklung geben (und den aus Art. 33 Abs. 2 GG, Art. 5 Abs. 3 GG folgenden Anspruch auf Übertragung der Lebenszeitprofessur beachten), könnte sich eine Anlehnung an die klare und bestimmte Ausgestaltung in § 102c Abs. 1 BerlHG empfehlen: „Die Hochschulen gestalten Juniorprofessuren und Professuren im Beamtenverhältnis auf Zeit (...) so aus, dass in der Regel schon bei der Besetzung dieser Stelle die Berufung auf eine Professur im Beamtenverhältnis auf Lebenszeit unter der Voraussetzung zugesagt wird, dass im Einzelnen vorab festzulegende Leistungsanforderungen während des Zeitbeamtenverhältnisses erfüllt werden." Jedenfalls haben die meisten Bundesländer weitergehende und bestimmte Regelungen über die Bewährungsfeststellung und Abschlussevaluation getroffen, sodass die rudimentäre Regelung in Brandenburg jedenfalls faktisch zur geringeren Attraktivität dieser Stellen führt.

Die mit dem Referentenentwurf beabsichtigte weitere Marginalisierung der Tenure-Track-Professur, die nur noch als mögliche Sonderform der Juniorprofessur erwähnt wird, stellt keine wissenschaftsadäquate Ausgestaltung der Bewertung wissenschaftlicher Leistungen dar. Entsprechend der

48 Vgl. Entwurf der Gesetzesbegründung (S. 35 d. Begr.).

49 VGH Mannheim, Beschl. v. 07.07.2021 – 4 S 1541/21, juris.

50 Siehe schon *Herrmann*, Forschung & Lehre 3/2020, S. 218 f.

51 Vgl. https://www.tenuretrack.de/de/dateien/tenure-track/verwaltungsvereinbarung-wissenschaftlicher-nachwuchs-2016.pdf.

Ausgestaltung der Bewährungsfeststellung bedarf es näherer Regelungen dazu, welche Stelle nach welchem Maßstab über die unbefristete Übertragung entscheidet und wie dabei die Mitwirkung der Wissenschaftlerinnen und Wissenschaftler des Fachbereichs sichergestellt wird. In der Literatur kommen zudem Zweifel an der Verfassungsmäßigkeit des Ausschreibungsverzichts für die unbefristete Übertragung der Professur auf[52], da könnte eine ausdrückliche Ausgestaltung der Qualifizierungsanforderungen durch den Gesetzgeber weiterhelfen. In Brandenburg soll dem Gesetzgeber stattdessen vorgeschlagen werden, den Hochschulen den „rechtlichen Rahmen" noch vor Ablauf der eingeschlagenen Tenure-Track-Verfahren wegzunehmen.

4. Sonstige Fälle der Verstetigung/Verlängerung von Professuren

Bei Erstberufungen von Professorinnen und Professoren hält das Land weiterhin an befristeten Anstellungs- oder Dienstverhältnissen fest. Diese sind nicht nur für die Bewerbenden unattraktiv, die normative Ausgestaltung ist seit Jahren defizitär: Während bei Junior- und Qualifikationsprofessuren ein Verfahren gesetzlich vorgeschrieben (oder jedenfalls erwähnt) wird, in dem die Bewährung nachgeprüft wird und eine Weiterbeschäftigung eröffnet wird, fehlt für die befristet angestellten oder verbeamteten Professorinnen und Professoren ein vergleichbares Verfahren, obwohl diese bereits im Berufungsverfahren auf ihre Eignung anhand der vollständig zu erfüllenden Einstellungsvoraussetzungen überprüft worden sind. Die vom Wissenschaftsministerium erlassenen Verwaltungsvorschriften zur Ausgestaltung dieser „Erprobung" genügen nicht dem Gesetzesvorbehalt und verhindern wissenschaftsinadäquate Verfahren nicht. So bleibt offen, welche Stelle die Entscheidung über die Weiterbeschäftigung nach welchem Maßstab trifft, ob nach dem Berufungsvorschlag überhaupt noch eine Beteiligung der hochschulischen Gremien vorzusehen ist und welche Verbindlichkeit ihr zukäme.

52 *Hartmann*, DÖV 2020, 137 ff. Siehe hingegen ohne derartige Zweifel: VGH München, Beschl. v. 25.10.2021 – 7 CE 21.2503, juris, Rn. 10; OVG Koblenz, Beschl. v. 03.03.2022 – 2 B 10062/22.OVG, juris, Rn. 6.

5. Übertragung höherwertiger Professuren

Die Herausforderungen des in § 6 Abs. 2 GWHL ausgestalteten Verfahrens bedürfen einer gesonderten Würdigung an anderer Stelle. Jedenfalls hat das Bundesverfassungsgericht das Verfahren als mit der Wissenschaftsfreiheit vereinbar angesehen, weil der Gesetzgeber bei der Zusammensetzung des „Organs" die unterschiedlichen Qualifikationen der Hochschullehrenden beachtet hat.[53] Erst mit dem (durch das Gesetz vom 28.04.2014 „nachgeschobenen") § 15 Abs. 3 GWHL[54] wurde den Universitätsprofessorinnen und -professoren auch bei anderen forschungsrelevanten Entscheidungen ein ausschlaggebendes Gewicht zugestanden, indem sie in den Gremien, die über Habilitationen, Berufungen von Hochschullehrenden, die zusätzliche wissenschaftliche Leistungen erbracht haben (§ 41 Abs. 1 Nr. 4a BbgHG 2014), und über die Bewährung von Juniorprofessorinnen und Juniorprofessoren entscheiden, über die Mehrheit der Stimmen verfügen müssen. Allein schon diese Vorkehrung zeigt, dass die Absicherung der aus der Wissenschaftsfreiheit folgenden Ansprüche auf fachkundige Bewertung gesetzlicher Regelungen bedurfte.

Soweit § 40 Abs. 1 S. 6 BbgHG/§ 42 Abs. 1 S. 6 Nr. 3 BbgHG-E einen Ausschreibungsverzicht vorsieht, wenn eine Juniorprofessorin oder ein Juniorprofessor auf eine Professur derselben Hochschule berufen werden soll, bleibt offen, wer den Berufungsvorschlag vorbereitet, wer darüber entscheidet, ob die Einstellungsvoraussetzungen geprüft und hierzu externe Gutachten beigezogenen werden. Systematische Zweifel ergeben sich aus der unterschiedlichen Ausgestaltung der Bewährungsfeststellung bei Juniorprofessuren einerseits und der Prüfung zusätzlicher wissenschaftlicher Leistungen im Rahmen von – regelmäßig wettbewerblichen – Berufungsverfahren andererseits.

6. Zugangsvoraussetzungen für Gremienmitwirkung

Der von der Rechtsprechung geforderte und aus der Wissenschaftsfreiheit abgeleitete Anspruch auf fachkundige Bewertung einer Promotion wird bei der zukünftigen Verleihung des Promotionsrechts an das Promotionskolleg (oder fachliche Teile davon) zwar berücksichtigt. Allerdings erfolgt die

53 BVerfG, Beschl. v. 12.05.2015 – 1 BvR 1501/13, BVerfGE 139, 148 ff. = juris, Rn. 85.
54 GVBl I Nr. 18, S. 58.

ausdrückliche Ausgestaltung der Grundrechtskollision von Hochschullehrenden einerseits und promovierenden Personen andererseits nicht durch den Gesetzgeber selbst, sodass Hochschulen diese Konfliktlagen selbst zu lösen haben. Die Entscheidung, eine/n Wissenschaftler/in als Gutachter/in oder Prüfer/in im Promotionsverfahren zuzulassen, fällt zudem in den Kernbereich der universitären Selbstverwaltung. Die Durchführung eines personenbezogenen Zulassungsverfahrens für die/den Gutachter/in bzw. Prüfer/in durch den Fachbereich oder einen Promotionsausschuss kann der Hochschule auch durch den Gesetzgeber nicht entzogen werden.[55] Angesichts der vom Wissenschaftsministerium eröffneten Möglichkeit für Professorinnen und Professoren für angewandte Studiengänge, im Promotionskolleg als Gutachter/in bzw. Prüfer/in mitzuwirken, ist diese (autonome) Entscheidung der Hochschule aber durch eine ausdrückliche Regelung zu schützen und abzugrenzen.

7. Leistungsbewertungen bei Ausstattungsfragen

Die Mittelverteilung innerhalb der Fakultät kann durch den Dekan über die Evaluationen nach § 27 Abs. 2 BbgHG/§ 28 Abs. 2 BbgHG-E gestützt werden, wenn diese Ergebnis eines Qualitätssicherungssystems für die Aufgabenerfüllung der Hochschule in Forschung und Lehre sind, für Studium und Weiterbildung, bei der Förderung des wissenschaftlichen und künstlerischen Nachwuchses, bei der internationalen, insbesondere europäischen Zusammenarbeit im Hochschulbereich und bei der Durchsetzung der Chancengleichheit der Geschlechter (§ 27 Abs. 1 BbgHG/§ 28 Abs. 1 BbgHG-E). Nach dem in der Rechtsprechung entwickelten Maßstab stellt § 27 Abs. 2 S. 5 BbgHG/§ 28 Abs. 2 S. 5 BbgHG-E eine ausreichende Ermächtigungsgrundlage für die in die individuelle Wissenschaftsfreiheit der Hochschullehrer/innen (und in die Grundrechte der Studierendenden auf Berufsfreiheit sowie jeweils ihre informationelle Selbstbestimmung) eingreifende Evaluation (vor allem der Lehre) dar, die auch die der selbstverwalteten Hochschule überlassene Ausgestaltung durch eine Satzung einschließt.[56] Da der Gesetzgeber keine Evaluationskriterien vorgibt und sich auf die Verfahrensvorgabe zur Beteiligung von Studierenden sowie Absol-

55 VerfGH Berlin, Urt. v. 01.11.2004 – 210/03, juris, Rn. 107.

56 Vgl. VGH Mannheim, Urt. v. 19.12.2019 – 9 S 838/18, juris, Rn. 40 ff.; OVG Bautzen, Urt. v. 18.05.2021 – 2 C 7/20, juris, Rn. 21 ff.

ventinnen und Absolventen bei der Bewertung der Lehre beschränkt (§ 27 Abs. 2 S. 2 BbgHG/§ 28 Abs. 2 S. 2 BbgHG-E) sowie eine Berichtspflicht der Hochschulen an das Wissenschaftsministerium aufstellt (§ 27 Abs. 3 BbgHG/§ 28 Abs. 3 BbgHG-E), bleibt es den Hochschulen überlassen, wissenschaftsadäquate Verfahren, Methoden, Kriterien und Formen der Veröffentlichung sowie der datenschutzrechtlichen Aspekte in der Regelung durch Satzung auszugestalten.[57] Dabei soll es dem Wesentlichkeitsgrundsatz noch entsprechen, dass sich Evaluationskriterien aus allgemeinen Beschreibungen der Aufgaben und Ziele von Hochschulen und zusätzliche Verfahrensbestimmungen aus dem Normzusammenhang einschlägiger Vorschriften (des Hochschulgesetzes) entnehmen lassen, die eine hinreichende Beteiligung der Wissenschaft am Evaluationsprozess sicherstellen und eine strukturelle Gefahr für die Wissenschaftsfreiheit ausschließen.[58] Freilich sah der Verwaltungsgerichtshof Baden-Württemberg die die Hochschulen unmittelbar treffenden Anforderungen nicht gewahrt und erklärte die Evaluationssatzung für nichtig, weil sie selbst keine allgemeinen, fach- bzw. fakultätsübergreifenden Leitlinien bzw. Evaluationskriterien enthielt (zulässige Themenfelder möglicher Befragungen) und keine klare, eindeutige Regelung traf, welche Organe innerhalb der Hochschule auf Fakultätsebene für die Durchführung der Lehrveranstaltungsevaluation und damit insbesondere für die Festlegung der Evaluationskriterien zuständig sein sollen; außerdem stellte die Satzung den maßgeblichen Einfluss der Gruppe der Hochschullehrerinnen und Hochschullehrer an der hochschulinternen Entscheidungsfindung im Bereich der Lehrevaluation nicht in ausreichendem Maße sicher.[59]

57 Zum Maßstab des Landesrechts BW: VGH Mannheim, Urt. v. 19.12.2019 – 9 S 838/18, juris, Rn. 62 ff.; für § 9 SächsHSFG: OVG Bautzen, Urt. v. 18.05.2021 – 2 C 7/20, juris, Rn. 34.

58 Zu BW: VGH Mannheim, Urt. v. 19.12.2019 – 9 S 838/18, juris, Rn. 68 ff., mit Verweis auf die a.A. bei *Herrmann*, in: Knopp/Peine/Topel (Hrsg.), Brandenburgisches Hochschulgesetz, 3. Aufl. 2017, § 27 Rn. 14; *Quapp*, DÖV 2014, S. 740, 743f.

59 VGH Mannheim, Urt. v. 19.12.2019 – 9 S 838/18, juris, Rn. 86 ff.

8. Leistungsbewertungen bei Leistungsbezügen

Nach dem Grundsatzurteil des Bundesverfassungsgerichts gelten die o.g. Grundrechte und Beschränkungen für besoldungsrechtliche Normen und die leistungsbezogenen Besoldungsbestandteile gleichermaßen.[60] Die Kriterien für die Vergabe der Leistungsbezüge müssten vom Gesetzgeber hinreichend bestimmt und ausgestaltet sein, sodass jeder einzelne Professor – vorbehaltlich unausweichlicher Beurteilungsspielräume zur Wahrung der Wissenschaftsfreiheit – unter klar definierten, vorhersehbaren und erfüllbaren Voraussetzungen einen einklagbaren Rechtsanspruch auf die Gewährung von Leistungsbezügen habe. Die Voraussetzungen und Kriterien der Vergabe von Leistungsbezügen sowie das Verfahren und die Zuständigkeit müssten wissenschaftsadäquat ausgestaltet sein.[61] Diese an eine Kompensationswirkung der variablen Leistungsbezüge anknüpfende Argumentation wird freilich abgeschwächt in einen Anspruch auf ermessensfehlerfreie Entscheidung über die Leistungsbezügegewährung, nachdem die Landesbesoldungsgesetzgeber die Grundgehälter der W-Besoldung zur Vermeidung einer verfassungswidrigen Unteralimentation angehoben haben.[62]

Im Hinblick auf die dem oben geschilderten brandenburgischen Landesrecht vergleichbare Ausgestaltung im Land Sachsen-Anhalt hat das OVG Magdeburg die Weitergabe der Befugnis an die Hochschulen als verfassungskonform angesehen, Regelungen zum Verfahren und zur Vergabe von Leistungsbezügen zu treffen sowie Kriterien zur Leistungsbewertung festzulegen.[63] Im Hinblick auf die Feststellung von Leistungen und ihrer Bewertung als besondere, erheblich über dem Durchschnitt liegende Leistungen sowie der Anwendung konkretisierender Leistungsdefinitionen (etwa „deutlich über die Erfüllung der Dienstpflichten hinausgehende Leistungen“, „das Profil des Faches/Fachbereichs als Forschungs- und/oder Lehrinstitution nachhaltig prägende Leistungen“) verfügt die Hochschule

60 BVerfG, Urt. v. 14.02.2012 – 2 BvL 4/10, BVerfGE 130, 263 ff. = juris, Rn. 161.

61 BVerfG, Urt. v. 14.02.2012 – 2 BvL 4/10, BVerfGE 130, 263 ff. = juris, Rn. 162. Siehe VGH München, Urt. v. 18.08.2017 – 3 BV 16.132, juris, zur engen Auslegung von Rückforderungsbefugnissen bei Berufungs-Leistungsbezügen.

62 OVG Magdeburg, Urt. v. 25.10.2022 – 1 L 97/21, juris, Rn. 71. Siehe aber VGH Kassel, Beschl. v. 30.11.2021 – 1 A 2704/20, juris, das Grundgehalt W2 (Hessen) allein stelle eine verfassungswidrige Unteralimentation dar.

63 OVG Magdeburg, Urt. v. 25.10.2022 – 1 L 97/21, juris, Rn. 60.

über einen weiten Beurteilungsspielraum.[64] Die gerichtliche Kontrolle beschränkt sich auf die Einhaltung der Ordnung (Satzung) für das Verfahren, die im Rahmen der gesetzlichen Ermächtigung verbleiben und auch mit den sonstigen gesetzlichen Vorschriften in Einklang stehen müssen. Auch die Voraussetzungen der Gewährung von besonderen Leistungsbezügen sowie die Anwendung gleicher Maßstäbe (aufgrund des Gleichheitssatzes) kann das Gericht nachprüfen.[65] Verfassungsrechtlich sei die Hochschule aber nicht gehindert, die Gewährung von Leistungsbezügen an den Nachweis besonderer individueller Leistungen in mindestens zwei Tätigkeitsfeldern – etwa Forschung und Lehre – zu knüpfen, um mit derartigen, auf ein verbreitertes Leistungsspektrum gerichteten Anforderung dem Profil und der strategischen Ausrichtung der Hochschule Rechnung zu tragen sowie einer einseitigen Fokussierung auf ein einzelnes Tätigkeitsfeld entgegenzuwirken, die mit der Gefahr der Zurückstellung von Dienstpflichten in anderen Tätigkeitsbereichen verbunden wäre. Ebenso dürfte die Hochschule die Gewährung von laufenden besonderen Leistungsbezügen weiter daran knüpfen, dass sich die Leistungen in sämtlichen Bereichen nicht in der bloßen Erfüllung der Dienstpflichten erschöpft.[66] Schließlich könne die Hochschule ihr Ermessen auf der Rechtsfolgenseite durch die Satzung in der Weise steuern und generalisieren, dass sie für die besonderen Leistungsbezüge gestaffelte Beträge festlegt und durch die Typisierung Rechtssicherheit, Transparenz und Praktikabilität anstrebt.[67]

Die Hochschulen werden danach nicht davon befreit, auch die Festlegung der wissenschaftsadäquaten Kriterien – soweit sie nicht bereits in der Satzung selbst bestimmt sind – unter Mitwirkung der Wissenschaftler/innen festzulegen und ein entsprechendes Verfahren zur Definition von Kriterien, die für unterschiedliche Methoden und Ergebnisse in den Wissenschaftsdisziplinen offen sein müssen, vorzusehen. Während den Hochschulen für die Bewertung individueller wissenschaftlicher Leistungen allgemein durch § 3 Abs. 3 HLeistBV gestattet wird, die Ergebnisse der Lehr-

---

64 OVG Magdeburg, Urt. v. 25.10.2022 – 1 L 97/21, juris, Rn. 64, unter Verweis auf u.a. BVerwG, Urt. v. 23.01.2020 - 2 C 22.18, juris Rn. 28, 31 zur leistungsbezogenen Besoldung gemäß §§ 3 ff. BLBV; VGH München, Beschl. v. 26.03.2020 - 3 ZB 18.713, juris Rn. 15; *Jaburek*, ZBR 2018, 405, 411; *Geis*, in: Fürst, GKÖD, Band III, Besoldungsrecht des Bundes und der Länder, § 33 BBesG Rn. 12.

65 OVG Magdeburg, Urt. v. 25.10.2022 – 1 L 97/21, juris, Rn. 65.

66 OVG Magdeburg, Urt. v. 25.10.2022 – 1 L 97/21, juris, Rn. 69; a.A. noch VG Arnsberg, Beschl. v. 10.11.2011 – 2 K 2658/10, juris, Rn. 6.

67 OVG Magdeburg, Urt. v. 25.10.2022 – 1 L 97/21, juris, Rn. 70.

und Forschungsevaluation sowie die Mitwirkung an der Erfüllung von Hochschulverträgen und anderen Ziel- und Leistungsvereinbarungen über Aufgabenwahrnehmung und Entwicklung der Hochschulen zu berücksichtigen, fehlt es noch an einer Verfahrensvorgabe, wie das Gebot fachlich sachverständiger Bewertung wissenschaftlicher Leistungen umgesetzt wird. Die von § 2 Abs. 1 bzw. § 3 Abs. 1 HLeistBV vorgesehenen Vorschläge der Dekanin oder des Dekans stellen diese Anforderung – nicht nur in großen fachübergreifenden Fakultäten – nicht sicher.

VI. Fazit

In der Gemengelage zwischen Grundrechten von Studierenden, der Hochschulautonomie – verstanden als Selbstgesetzgebung und Selbstverwaltung – und der beteiligten Wissenschaftler/innen zeichnet sich das BbgHG und der Entwurf einer Neuregelung durch große Zurückhaltung aus. Dadurch bleiben Lücken und Regelungsdefizite zurück, die nicht nur im Einzelfall fehlerhafte, sondern strukturell wissenschaftsinadäquate Entscheidungen möglich erscheinen lassen. Vor allem bei den Qualifikationsentscheidungen, mit denen Wissenschaftlerinnen und Wissenschaftler vor Übertragung einer lebenszeitigen Professur anhand ihrer wissenschaftlichen Leistungen auf Bewährung oder Erfüllung leistungsbezogener Anforderungen bewertet werden, besteht konkreter Nachbesserungsbedarf. Hinsichtlich der Wahrnehmung der Hochschulaufgabe zur generellen und hochschulübergreifenden Evaluation der Leistungen in Forschung, Lehre, Transfer und anderen Hochschulzielen werden die vorhandenen Regelungen (und deren Pendant von Gerichten in anderen Bundesländern) als verfassungsrechtlich ausreichend angesehen, wenngleich einzelne zusätzliche Klarstellungen wünschenswert sind.

Diskussion

Frage *(Frau Damus, Mitglied des Landtags Brandenburg, B90/Grüne):*
Vielen Dank für diese Einblicke. Sie haben tatsächlich auch einige Punkte angesprochen, mit denen wir uns auch bereits im Vorfeld der Novellierung befasst haben. In zwei Punkten möchte ich Ihnen zustimmen, jedoch sind wir in diesen Bereichen leider noch zu keiner Verbesserung gekommen. Das betrifft Tenure-Track-Professuren und auch befristete Professuren, insbesondere bei Erstberufung. Ein erster Schritt könnte zumindest sein, dass man die Regelungen insoweit „umdreht", dass der Regelfall bzw. die Tenure-Track-Professur keiner Befristung unterliegen und wenn man die Befristung weiterhin ermöglichen möchte, diese durch eine Begründung stützt. Aber, dass aktuell einfach unbegründet befristet werden kann oder ohne Begründung Tenure-Track-Professuren ausgeschrieben werden können, das führt zu vielen Sackgassen, was man leider auch so sagen muss.
Eine weitere Nachfrage habe ich noch zu dem, was Sie relativ am Anfang gesagt haben: Wenn man eine Höherberufung von W2 auf W3 realisieren möchte, dann geht das in diesem Bundesland tatsächlich nur entweder durch einen Ruf einer anderen Hochschule oder man muss tatsächlich ein komplett neues Bewerbungsverfahren durchlaufen mit dem Risiko, welches Sie genannt haben. Da war eben auch meine Frage, ob es nicht in irgendeiner Form möglich ist, dies auch ohne Ausschreibung zu regeln? Zu überlegen wäre natürlich, ob man eine Qualitätssicherung dazwischenschaltet. Wie könnte das gehen?
Ein Punkt, der mich im Hochschulgesetz u.a. auch sehr stört, ist, dass wir bei den Vorerfahrungszeiten z.B. auch immer Familienzeiten anrechnen. Allerdings gibt es einen Unterschied: Bei einer Professur mit Tenure-Track können sechs Jahre Familienzeit angerechnet werden, bei einer Professur ohne Tenure-Track beträgt der Zeitraum nur vier Jahre. Ich verstehe überhaupt nicht, wie man Personen auf der gleichen Qualifikationsstufe für dieselbe Stelle unterschiedlich behandeln kann. Mal wird mehr Familienzeit angerechnet, mal weniger. Halten Sie das für zulässig?
Und nun noch meine letzte Frage: Es gibt jetzt auch den Vorschlag, dass die Hochschulen bei der Ausschreibung für Juniorprofessuren ausschließen können, dass sich Habilitierte bewerben dürfen. Halten Sie das für zulässig?

Antwort *(Prof. Herrmann):*
Ich komme zunächst auf Ihre letzte Frage zurück. Da möchte ich auf meine noch immer aktuellen Anmerkungen in der Forschung & Lehre (F&L) verweisen. In Berlin ist der Ausschluss von Habilitierten in Tenu-

re-Track-Ausschreibungen im Gesetz verankert, in Brandenburg wurde den Hochschulen bisher nicht vorgegeben, wie sie mit diesem Problem umgehen sollen. Es gibt eine Entscheidung des VGH Mannheim aus dem Oktober 2021, die besagt, dass die Hochschulen den Bewerberkreis selbst eingrenzen können, wenn sie eine Professur besetzen. Wenn es gesetzliche Einstellungsvoraussetzungen gibt, sind das Mindestvoraussetzungen, die für die Einstellung erfüllt sein müssen. Nach meiner Meinung – und auch einzelne Kommentatoren von Hochschulgesetzen sind dieser Auffassung – verletzt der Ausschluss habilitierter Bewerbender den verfassungsrechtlich garantierten Bewerbungsverfahrensanspruch. Das wird sicherlich weiterhin diskutiert und auch die Gerichte haben hierzu noch nicht das letzte Wort gesprochen. Sicherlich werden flächendeckend Fälle aufkommen und dann wird zu prüfen sein, zu welchen Ergebnissen andere gelangen.
Zu den unterschiedlichen Zeiten bei der Anrechnung bei Tenure-Track-Professuren oder bei befristeten Professuren haben Sie meine volle Unterstützung. Aber wenn Sie eben schon kein einheitliches Leistungsbewertungsverfahren haben, sondern an der einen Stelle steht, dass alle Nachprüfungen von zusätzlichen wissenschaftlichen Leistungen ausschließlich und umfassend im Berufungsverfahren vorgenommen werden und an einer anderen Stelle eben doch ein Bewährungsfeststellungsverfahren geregelt wird, da fehlt eine innere Struktur und Konsequenz dieser Regelungen. Heute konnte ich dafür werben, an dieser Stelle noch einmal nachzubessern. Es hilft, sich durch einen Perspektivwechsel in die Position der Betroffenen zu begeben und diese verschiedenen Modelle miteinander zu vergleichen und nebeneinander durchzuspielen.
Zu Ihrer ersten Frage: Ich bin für eine Verbesserung der Hochschulen. Als Hochschulstandort hat Brandenburg eine kurze Geschichte und vielleicht sind andere Forschungsstandorte auch attraktiver. Vor dem Hintergrund des stetig voranschreitenden Fachkräftemangels – auch in Brandenburg – sind die Ambitionen und der Horizont der Gesetzgebung unklar, wie ausländische Wissenschaftler/innen gewonnen werden können. Hat sich Brandenburg bereits davon verabschiedet, ausländische Wissenschaftler/innen nach Brandenburg zu locken? Und die Frage nach dem Sinn der Qualifikationsregelungen und damit auch zu den Befristungsregelungen ist meiner Meinung nach berechtigt. Es droht eine „Verwässerung“: Wir haben Lehrprofessuren, Forschungsprofessuren, Qualifikationsprofessuren und Schwerpunktprofessuren – ein ganzer Strauß an Möglichkeiten wird eröffnet, aus dem sich die Hochschulen etwas zusammensuchen sollen. Manchmal ist weniger mehr, das ist jedenfalls der Appell, den ich an die

Hochschulen weitergebe, die in ihren Grund- und Berufungsordnungen diese Modelle weiter ausgestalten müssen. Ich empfehle, lieber klare und verlässliche Karrierewege zu installieren als jederzeit Möglichkeiten zum Wechsel innerhalb der verschiedenen Modelle zu problematisieren.
Wir sprechen von einer Bewährungszeit, einer Qualifikationszeit von sechs Jahren. Wenn Sie heute anfangen, bleibt leider aufgrund der Krisen überall Geld stecken – es geht nicht voran. Bis Sie eine/n wissenschaftliche/n Mitarbeiter/in eingestellt haben (z.B. in Cottbus), vergehen zwei Jahre. Da ist doch die Qualifikationszeit bereits vorbei. Die Frage ist, für welche Modelle sich die Hochschule unter Berücksichtigung ihrer Standorte, unter Berücksichtigung ihrer wissenschaftlichen Ausrichtung und auch unter Berücksichtigung der besonderen Fachdisziplinen, wie sie z.B. bei einer Technischen Universität vereint sind, entscheidet. Die Hochschulen müssen ihre Ziele klar definieren: Welche Kolleg/innen sollen an der Universität tätig werden, wie bzw. über welches Verfahren sollen diese eingestellt werden und wie kann man diesen Kolleg/innen entgegenkommen? Was bietet denn die Hochschule bzw. kann von der Hochschule in Aussicht gestellt werden? Diese Entscheidung überlässt das Wissenschaftsministerium tatsächlich zur Selbstverwaltung und zur Ausgestaltung den Hochschulen selbst. Hierzu muss man sich aber inneruniversitär auseinandersetzen und einigen. Es finden überall und stetig Berufungsverhandlungen mit Nachwuchswissenschaftler/innen im ganzen Land statt, viele gehen woanders hin. Welche Perspektive bietet die Hochschule in diesem Bereich des sich stetig verknappenden Bewerbermarktes, um z.B. auch Cottbus als Universitätsstandort attraktiv zu gestalten? Das ist ein Teil der universitären Selbstverwaltung.

***Frage** (Name und Funktion nicht angegeben):*
Vielen Dank für den Vortrag und das klare Statement zur Tenure-Track-Professur. Ich habe jedoch noch eine andere Frage zu dem § 42 Abs. 2 des Referentenentwurfes, wonach das durch die/den Präsident/in bestimmte Mitglied der Berufungskommission nunmehr keiner Gruppe zugerechnet werden soll. Mal abgesehen von den schweren praktischen Fragen, die sich daraus ergeben (Notwendigkeit einer großen Berufungskommission wegen der erforderlichen Professorenmehrheit – gerade an kleinen Hochschulen), frage ich mich, inwiefern es rechtlich eigentlich zulässig ist, dem durch die/den Präsident/in bestimmten Mitglied, sofern es sich um eine/n Hochschullehrer/in handelt, die Statusgruppe gerade in Berufungsverfahren zu entziehen. Letztlich würde

man ihr/sein Stimmrecht damit quasi auf jenes einer/eines wissenschaftlichen Mitarbeiter/in oder eines studentischen Mitglieds herunterbrechen.

***Antwort** (Prof. Herrmann):*
Die im Referentenentwurf geregelte Zugehörigkeit des durch das Präsidium bestimmten Mitglieds in einer Berufungskommission ist meiner Meinung nach dem Umstand geschuldet, dass diese Person keine bestimmte Gruppe oder Fachdisziplin vertreten soll, sondern als Vertreter/in der strategischen Hochschulausrichtung teilnimmt. Sie soll die Fachkollegen dabei beraten, ihr Votum an fakultätsübergreifenden, hochschulstrategischen Aspekten auszurichten und in dieser Rolle hat dieses Mitglied regelmäßig zu der fachlichen Qualifikation der Bewerber/innen nichts beizutragen. Ich halte diese neue Regelung durchaus für gerechtfertigt. Ich glaube, dass es eine Rolle ist und dass darin auch die Rechtfertigung liegt, dass diese Mitglieder schlichtweg für andere Fragen in der Berufungskommission zuständig sind und weniger für die Beurteilung der fachlichen Eignung.

***Anmerkung** (Prof. Albrecht):*
Nur noch kurz zur Vervollständigung: Das durch die/den Präsident/in bestimmte Mitglied ist durchaus stimmberechtigt, wird aber keiner Gruppe mehr zugerechnet bzw. bildet eine neue fünfte Gruppe.

***Antwort** (Prof. Herrmann):*
Also zählt dieses Mitglied dann nicht mehr zur Hochschullehrermehrheit.

Auszüge aus dem Referentenentwurf

Junior-/Qualifikationsprofessur/Tenure-Track

(Einstellungsvoraussetzungen für Professorinnen und Professoren)

§ 41 Abs. 1 BbgHG (2014)	§ 43 Abs. 1 BbgHG-E
(1) Als Professorin oder Professor kann eingestellt werden, wer die allgemeinen dienstrechtlichen Voraussetzungen erfüllt und mindestens folgende weitere Voraussetzungen nachweist: 1. ein abgeschlossenes Hochschulstudium, 2. pädagogische Eignung, 3. besondere Befähigung zu wissenschaftlicher Arbeit, in der Regel durch eine qualifizierte Promotion oder besondere Befähigung zu künstlerischer Arbeit und 4. darüber hinaus, je nach den Anforderungen der Stelle, a) zusätzliche wissenschaftliche oder künstlerische Leistungen oder b) besondere Leistungen bei der Anwendung oder Entwicklung wissenschaftlicher Erkenntnisse und Methoden in einer mindestens dreijährigen beruflichen Praxis, von der mindestens zwei Jahre außerhalb des Hochschulbereichs aus-	(1) Als Professorin oder Professor kann eingestellt werden, wer die allgemeinen dienstrechtlichen Voraussetzungen erfüllt und mindestens folgende weitere Voraussetzungen nachweist: 1. ein abgeschlossenes Hochschulstudium, 2. pädagogische Eignung, 3. besondere Befähigung zu wissenschaftlicher Arbeit, in der Regel durch die Qualität einer Promotion oder besondere Befähigung zu künstlerischer Arbeit und 4. darüber hinaus, je nach den Anforderungen der Stelle, a) zusätzliche wissenschaftliche oder künstlerische Leistungen oder b) besondere Leistungen bei der Anwendung oder Entwicklung wissenschaftlicher oder künstlerischer Erkenntnisse und Methoden in einer mindestens dreijährigen beruflichen Praxis, von der mindestens zwei Jahre außerhalb des Hochschulbereichs

geübt worden sein müssen, und c) umfassende Kompetenzen im Wissenschaftsmanagement, insbesondere in Bereichen mit hohem Drittmittelaufkommen oder erheblicher Personalverantwortung.	ausgeübt worden sein müssen, und c) umfassende Kompetenzen im Wissenschaftsmanagement, insbesondere in Bereichen mit hohem Drittmittelaufkommen oder erheblicher Personalverantwortung. Der Nachweis der außerhalb des Hochschulbereichs ausgeübten beruflichen Praxis kann auch dadurch, erfolgen, dass über einen Zeitraum von mindestens drei Jahren der überwiegende Teil der beruflichen Tätigkeit in Kooperation zwischen Hochschule und außerhochschulischer beruflicher Praxis erbracht wurde.

(Dienstrechtliche Stellung der Professorinnen und Professoren)

§ 43 BbgHG (2014)	§ 45 BbgHG-E
(1) Mit Professorinnen und Professoren können Angestelltenverhältnisse oder Beamtenverhältnisse auf Lebenszeit oder auf Zeit begründet werden; eine Probezeit ist nicht zurückzulegen. Wird ein Angestelltenverhältnis begründet, soll die Vergütung, soweit allgemeine dienst- oder haushaltsrechtliche Regelungen nicht entgegenstehen, der Besoldung be-	(1) Mit Professorinnen und Professoren können Angestelltenverhältnisse oder Beamtenverhältnisse auf Lebenszeit oder auf Zeit begründet werden; eine Probezeit ist nicht zurückzulegen. Wird ein Angestelltenverhältnis begründet, soll die Vergütung, soweit allgemeine dienst- oder haushaltsrechtliche Regelungen nicht entgegenstehen, der Besoldung verbeamte-

amteter Professorinnen und Professoren entsprechen. Insbesondere bei der Erstberufung zur Professorin oder zum Professor und bei der Berufung zur Professorin oder zum Professor zwecks Deckung eines vorübergehenden Lehrbedarfs ist die Begründung eines befristeten Angestelltenverhältnisses oder eines Beamtenverhältnisses auf Zeit zulässig; dies gilt nicht im Falle der Erstberufung einer Juniorprofessorin oder eines Juniorprofessors, die oder der sich nach § 46 Absatz 1 Satz 2 und Absatz 2 bewährt hat, und im Falle einer außerordentlichen Berufung. Die Dauer des befristeten Angestelltenverhältnisses oder des Beamtenverhältnisses auf Zeit ist auf höchstens fünf Jahre begrenzt, im Falle der Erstberufung beträgt sie mindestens zwei Jahre. Eine erneute zeitlich beschränkte Berufung zur Professorin oder zum Professor ist zulässig, sofern hierdurch im Falle eines befristeten Angestelltenverhältnisses eine Gesamtdauer von zehn Jahren, im Falle eines Beamtenverhältnisses auf Zeit eine Gesamtdauer von fünf Jahren, nicht überschritten wird. (2) Ist im Falle einer Erstberufung die Professorin oder der Professor in ein Beamtenverhält-	ter Professorinnen und Professoren entsprechen. Insbesondere bei der Erstberufung zur Professorin oder zum Professor und bei der Berufung zur Professorin oder zum Professor zwecks Deckung eines vorübergehenden Lehrbedarfs ist die Begründung eines befristeten Angestelltenverhältnisses oder eines Beamtenverhältnisses auf Zeit zulässig; dies gilt nicht im Falle der Erstberufung einer Juniorprofessorin oder eines Juniorprofessors, die oder der sich nach § 48 Absatz 1 Satz 2 und Absatz 2 bewährt hat, und im Falle einer außerordentlichen Berufung. Die Dauer des befristeten Angestelltenverhältnisses oder des Beamtenverhältnisses auf Zeit ist auf höchstens fünf Jahre begrenzt, im Falle der Erstberufung beträgt sie mindestens zwei Jahre. Eine erneute zeitlich beschränkte Berufung zur Professorin oder zum Professor ist zulässig, sofern hierdurch im Falle eines befristeten Angestelltenverhältnisses eine Gesamtdauer von zehn Jahren, im Falle eines Beamtenverhältnisses auf Zeit eine Gesamtdauer von fünf Jahren, nicht überschritten wird. (2) Ist im Falle einer Erstberufung die Professorin oder der Professor in ein Beamtenverhältnis auf Zeit berufen worden,

nis auf Zeit berufen worden, so kann das Beamtenverhältnis vor Ablauf der Amtszeit in ein Beamtenverhältnis auf Lebenszeit umgewandelt werden, wenn die Stelle vor der befristeten Besetzung unbefristet ausgeschrieben war und die Professorin oder der Professor den Ruf auf eine unbefristete und mindestens gleichwertige Professur an einer anderen Hochschule vorlegt oder ein gleichwertiges Einstellungsangebot eines anderen Arbeitgebers glaubhaft macht. Für Professorinnen und Professoren in einem befristeten Angestelltenverhältnis gilt Entsprechendes. (3) Für die Berufung von Professorinnen und Professoren in das Beamtenverhältnis auf Lebenszeit gilt § 3 Absatz 2 des Landesbeamtengesetzes vom 3. April 2009 (GVBl. I S. 26), das zuletzt durch Artikel 2 des Gesetzes vom 5. Dezember 2013 (GVBl. I Nr. 37 S. 9) geändert worden ist, mit der Abweichung, dass die Vollendung des 50. Lebensjahres maßgeblich ist.	so kann das Beamtenverhältnis vor Ablauf der Amtszeit in ein Beamtenverhältnis auf Lebenszeit umgewandelt werden, wenn die Stelle vor der befristeten Besetzung unbefristet ausgeschrieben war und die Professorin oder der Professor den Ruf auf eine unbefristete und mindestens gleich-wertige Professur an einer anderen Hochschule vorlegt oder ein gleichwertiges Einstellungsangebot eines anderen Arbeitgebers glaubhaft macht. Für Professorinnen und Professoren in einem befristeten Angestelltenverhältnis gilt Entsprechendes. (3) Für die Berufung von Professorinnen und Professoren in das Beamtenverhältnis auf Lebenszeit gilt § 3 Absatz 2 des Landesbeamtengesetzes vom 3. April 2009 (GVBl. I S. 26), das zuletzt durch das Gesetz vom 17. Dezember 2021 (GVBl. I Nr. 38) geändert worden ist, mit der Abweichung, dass die Vollendung des 50. Lebensjahres maßgeblich ist.

(Einstellungsvoraussetzungen für Juniorprofessorinnen und Juniorprofessoren)

§ 45 BbgHG (2014)	§ 47 BbgHG-E
(1) Als Juniorprofessorin oder Juniorprofessor kann eingestellt werden, wer die allgemeinen dienstrechtlichen Voraussetzungen erfüllt und die folgenden weiteren Voraussetzungen nachweist: 1. ein abgeschlossenes Hochschulstudium, 2. pädagogische Eignung, 3. besondere Befähigung zu wissenschaftlicher Arbeit, in der Regel durch die herausragende Qualität einer Promotion. § 41 Absatz 3 Satz 1 gilt entsprechend.	(1) Als Juniorprofessorin oder Juniorprofessor kann eingestellt werden, wer die allgemeinen dienstrechtlichen Voraussetzungen erfüllt und die folgenden weiteren Voraussetzungen nachweist: 1. ein abgeschlossenes Hochschulstudium, 2. pädagogische Eignung, 3. besondere Befähigung zu wissenschaftlicher Arbeit, in der Regel durch die herausragende Qualität einer Promotion oder im Fall einer künstlerischen Juniorprofessur zu künstlerischer Arbeit. § 43 Absatz 3 Satz 1 gilt entsprechend. Eine Habilitation im ausgeschriebenen Fach kann nach Maßgabe der Stellenausschreibung einer Einstellung entgegenstehen.
(2) Die Zeiten einer hauptberuflichen wissenschaftlichen Tätigkeit zwischen der letzten Prüfungsleistung der Promotion und der Bewerbung auf eine Juniorprofessur dürfen in der Regel vier Jahre nicht überschreiten. Im Fall der Bewerbung auf eine Juniorprofessur, deren Ausschreibung unter der Voraussetzung einer erfolgreichen Evaluation den unmittelbaren Übergang auf eine Lebenszeitprofessur vorsieht (Tenure Track), dürfen die Zeiten einer hauptberuflichen wissenschaftlichen Tätig-	(2) Die Zeiten einer hauptberuflichen wissenschaftlichen Tätigkeit zwischen der letzten Prüfungsleistung der Promotion und der Bewerbung auf eine Juniorprofessur dürfen in der Regel vier Jahre nicht überschreiten. Im Fall der Bewerbung auf eine Juniorprofessur, deren Ausschreibung unter der Voraussetzung einer erfolgreichen

keit zwischen der letzten Prüfungsleistung der Promotion und der Bewerbung in der Regel sechs Jahre nicht überschreiten. Diese Zeiten verlängern sich im Umfang einer Ermäßigung der Arbeitszeit um mindestens ein Fünftel der regelmäßigen Arbeitszeit, die für die Betreuung oder Pflege eines oder mehrerer Kinder unter 18 Jahren oder pflegebedürftiger sonstiger Angehöriger gewährt worden ist. Ausnahmen von den Regelungen der Sätze 1 und 2 sind nur in besonders begründeten Fällen zulässig.	Evaluation den unmittelbaren Übergang auf eine Lebenszeitprofessur vorsieht (Tenure Track), dürfen die Zeiten einer hauptberuflichen wissenschaftlichen Tätigkeit zwischen der letzten Prüfungsleistung der Promotion und der Bewerbung in der Regel sechs Jahre nicht überschreiten. Diese Zeiten verlängern sich im Umfang einer Ermäßigung der Arbeitszeit um mindestens ein Fünftel der regelmäßigen Arbeitszeit, die für die Betreuung oder Pflege eines oder mehrerer Kinder unter 18 Jahren oder pflegebedürftiger sonstiger Angehöriger gewährt worden ist; im Fall der Betreuung oder Pflege von Kindern unter 18 Jahren verlängern sie sich auch ohne Ermäßigung der Arbeitszeit um zwei Jahre je Kind. Ausnahmen von den Regelungen der Sätze 1 und 2 sind nur in besonders begründeten Fällen zulässig.

(Dienstrechtliche Stellung der Juniorprofessorinnen und Juniorprofessoren)

§ 46 BbgHG (2014)	§ 48 BbgHG-E
(1) Juniorprofessorinnen und Juniorprofessoren werden für die Dauer von bis zu vier Jahren zu Beamtinnen und Beamten	(1) Juniorprofessorinnen und Juniorprofessoren werden für die Dauer von bis zu vier Jahren zu Beamtinnen und Beamten

auf Zeit ernannt. Das Beamtenverhältnis einer Juniorprofessorin oder eines Juniorprofessors soll mit ihrer oder seiner Zustimmung auf insgesamt sechs Jahre verlängert werden, wenn sie oder er sich als Hochschullehrerin oder Hochschullehrer bewährt hat; anderenfalls kann das Beamtenverhältnis mit ihrer oder seiner Zustimmung um höchstens ein Jahr verlängert werden. Für Fälle einer Notlage im Sinne von § 8a Absatz 4 kann das nach den Sätzen 1 und 2 begründete Beamtenverhältnis auf Antrag der Beamtin oder des Beamten ein- oder mehrmalig um insgesamt höchstens ein Jahr verlängert werden, wenn unmittelbar auf die Notlage zurückzuführende Umstände, die die Beamtin oder der Beamte nicht zu vertreten hat, die Bewährung gefährden. Eine weitere Verlängerung ist nur zulässig:

1. in den Fällen des § 44 Absatz 4 oder
2. auf Antrag der Beamtin oder des Beamten bei Betreuung eines minderjährigen Kindes um bis zu zwei Jahre je betreutem Kind, soweit dienstliche Gründe nicht entgegenstehen und die Verlängerung notwendig ist, um die nach § 41 Absatz 1 Num-

auf Zeit ernannt. Das Beamtenverhältnis einer Juniorprofessorin oder eines Juniorprofessors soll mit ihrer oder seiner Zustimmung auf insgesamt sechs Jahre verlängert werden, wenn sie oder er sich als Hochschullehrerin oder Hochschullehrer bewährt hat; anderenfalls kann das Beamtenverhältnis mit ihrer oder seiner Zustimmung um höchstens ein Jahr verlängert werden. Im Falle einer Notlage im Sinne von § 9 Absatz 4 kann das nach den Sätzen 1 und 2 begründete Beamtenverhältnis auf Antrag der Beamtin oder des Beamten ein- oder mehrmalig um insgesamt höchstens ein Jahr verlängert werden, wenn unmittelbar auf die Notlage zurückzuführende Umstände, die die Beamtin oder der Beamte nicht zu vertreten hat, die Bewährung gefährden. Eine weitere Verlängerung ist nur zulässig:

1. in den Fällen des § 46 Absatz 4 oder
2. auf Antrag der Beamtin oder des Beamten bei Betreuung eines minderjährigen Kindes um bis zu zwei Jahre je betreutem Kind, soweit dienstliche Gründe nicht entgegenstehen und die Verlängerung notwendig ist, um die nach § 43 Absatz 1 Satz 1 Nummer 4 Buchstabe a erforder-

mer 4 Buchstabe a erforderlichen zusätzlichen wissenschaftlichen Leistungen erfolgreich nachzuweisen. Eine erneute Einstellung als Juniorprofessorin oder als Juniorprofessor ist unzulässig.	lichen zusätzlichen wissenschaftlichen oder künstlerischen Leistungen erfolgreich nachzuweisen. Eine erneute Einstellung als Juniorprofessorin oder als Juniorprofessor ist unzulässig.
(2) Die Entscheidung über die Bewährung einer Juniorprofessorin oder eines Juniorprofessors nach Absatz 1 Satz 2 trifft die Dekanin oder der Dekan auf der Grundlage einer Stellungnahme des nach der Grundordnung zuständigen Organs des Fachbereichs unter Berücksichtigung eines Bewertungsverfahrens, das mindestens zwei externe Gutachten umfasst. Die Gutachterinnen oder Gutachter werden vom zuständigen Organ des Fachbereichs bestimmt. Näheres ist durch Satzung der Hochschule zu regeln.	(2) Die Entscheidung über die Bewährung einer Juniorprofessorin oder eines Juniorprofessors nach Absatz 1 Satz 2 trifft die Dekanin oder der Dekan auf der Grundlage einer Stellungnahme des nach der Grundordnung zuständigen Organs des Fachbereichs unter Berücksichtigung eines Bewertungsverfahrens, das mindestens zwei externe Gutachten umfasst. Die Gutachterinnen oder Gutachter werden vom zuständigen Organ des Fachbereichs bestimmt. Näheres ist durch Satzung der Hochschule zu regeln.
(3) Mit Juniorprofessorinnen und Juniorprofessoren können auch Angestelltenverhältnisse begründet werden. In diesem Fall gelten die Absätze 1 und 2 entsprechend.	(3) Mit Juniorprofessorinnen und Juniorprofessoren können auch Angestelltenverhältnisse begründet werden. In diesem Fall gelten die Absätze 1 und 2 entsprechend.

§ 49 BbgHG-E (Qualifizierungsprofessorinnen und Qualifizierungsprofessoren)

(1) Als Qualifizierungsprofessorin oder Qualifizierungsprofessor an Fachhochschulen und für anwendungsbezogene Studiengänge an anderen Hochschulen kann eingestellt werden, wer die allgemeinen dienstrechtlichen Voraussetzungen erfüllt und mindestens folgende weitere Voraussetzungen nachweist:
1. ein abgeschlossenes Hochschulstudium und
2. darüber hinaus
   a) eine besondere Befähigung zu wissenschaftlicher Arbeit, in der Regel durch die Qualität einer Promotion oder besondere Befähigung zu künstlerischer Arbeit oder
   b) besondere Leistungen bei der Anwendung oder Entwicklung wissenschaftlicher oder künstlerischer Erkenntnisse und Methoden in einer mindestens dreijährigen beruflichen Praxis, von der mindestens zwei Jahre außerhalb des Hochschulbereichs ausgeübt worden sein müssen; § 43 Absatz 1 Satz 2 gilt entsprechend.

Darüber hinaus soll die pädagogische Eignung nachgewiesen werden.

(2) Nach Maßgabe der Stellenausschreibung wird im Rahmen der Qualifizierungsprofessur die Möglichkeit eröffnet, die für eine Professur an einer Fachhochschule fehlenden Einstellungsvoraussetzungen im Sinne des § 43 Absatz 1 Satz 1 Nummer 3 oder Nummer 4 Buchstabe b und, sofern das Vorliegen von pädagogischer Eignung nicht oder nicht in ausreichendem Maße bereits im Berufungsverfahren für die Qualifizierungsprofessur festgestellt werden konnte, die Einstellungsvoraussetzungen im Sinne des § 43 Absatz 1 Satz 1 Nummer 2 zu erwerben. Im Fall des Fehlens der Einstellungsvoraussetzung im Sinne des § 43 Absatz 1 Satz 1 Nummer 4 Buchstabe b erfolgt die Beschäftigung als Qualifizierungsprofessorin oder Qualifizierungsprofessor an der Hochschule in Teilzeit im hälftigen Umfang einer vollen Professur. Parallel dazu wird mit dem hälftig verbleibenden Beschäftigungsumfang eine geeignete, aus Mitteln Dritter finanzierte berufliche Tätigkeit ausgeübt.

(3) Die Qualifizierungsprofessur wird in einem auf bis zu vier Jahre befristeten Angestelltenverhältnis ausgeübt. Dessen Entfristung erfolgt nach Maßgabe der Ausschreibung für den Fall der vollständigen Erfüllung der Einstellungsvoraussetzungen für Professorinnen und Professoren an Fachhochschulen nach § 43 und der Bewährung als

Hochschullehrerin oder Hochschullehrer: Das Vorliegen der Einstellungsvoraussetzungen nach § 43 und die Feststellung der Bewährung als Hochschullehrerin oder Hochschullehrer sind im Rahmen eines Berufungsverfahrens festzustellen; die Übernahme in ein Beamtenverhältnis auf Lebenszeit kann für diesen Fall vereinbart werden, wenn die Voraussetzungen für eine Verbeamtung vorliegen. Näheres zum Berufungsverfahren und zur Bewährungsfeststellung ist durch Satzung der Hochschulen zu regeln.

(4) Eine Verlängerung des befristeten Angestelltenverhältnisses ist nur zulässig:
1. in den Fällen des § 46 Absatz 5 oder
2. auf Antrag der Qualifizierungsprofessorin oder des Qualifizierungsprofessors bei Betreuung eines minderjährigen Kindes um bis zu zwei Jahre je betreutem Kind, soweit dienstliche Gründe nicht entgegenstehen und die Verlängerung notwendig ist, um die fehlende Einstellungsvoraussetzung erfolgreich nachzuweisen.

Im Falle einer Notlage im Sinne von § 9 Absatz 4 kann das befristete Angestelltenverhältnis auf Antrag der Qualifizierungsprofessorin oder des Qualifizierungsprofessors ein- oder mehrmalig um insgesamt höchstens ein Jahr verlängert werden, wenn unmittelbar auf die Notlage zurückzuführende Umstände, die die Qualifizierungsprofessorin oder der Qualifizierungsprofessor nicht zu vertreten hat, die Erlangung der jeweils fehlenden Einstellungsvoraussetzung für Professorinnen und Professoren an Fachhochschulen nach § 43 oder die Bewährung gefährden. Eine erneute Einstellung als Qualifizierungsprofessorin oder als Qualifizierungsprofessor ist unzulässig.

(5) Qualifizierungsprofessorinnen und Qualifizierungsprofessoren erhalten im Rahmen und im Umfang ihres Angestelltenverhältnisses mit der Hochschule eine Vergütung entsprechend der für Juniorprofessorinnen und Juniorprofessoren vorgesehenen Besoldung.

Mitwirkung als Gutachter/in und Prüfer/in

§ 32 BbgHG-E (Promotion; Verordnungsermächtigung)

(1) Die Universitäten haben das Promotionsrecht. Die Filmuniversität hat dieses Recht für ihre überwiegend wissenschaftlichen Fächer und für wissenschaftlich-künstlerische Promotionen, wenn diese Promotionsvorhaben unter Einbeziehung wissenschaftlicher Professuren betreut werden und ein enger Zusammenhang zwischen künstlerischer und wissenschaftlicher Forschung besteht. Das Nähere zur Bestimmung der überwiegend wissenschaftlichen Fächer sowie zur Erfüllung der Voraussetzungen für wissenschaftlich-künstlerische Promotionen regelt das für die Hochschulen zustände Mitglied der Landesregierung durch Rechtsverordnung. Soweit das Promotionsrecht gegeben ist, darf auch die Doktorwürde ehrenhalber verliehen werden.

(2) Die Promotion dient dem Nachweis der Befähigung zu vertiefter wissenschaftlicher Arbeit. Sie wird aufgrund einer wissenschaftlichen Arbeit (Dissertation), die auf selbstständiger Forschungstätigkeit beruht, und einer mündlichen Prüfung vorgenommen. § 22 Absatz 6 findet Anwendung.

(3) Aufgrund der Promotion wird der Doktorgrad verliehen. Die Verleihung kann auch in Gestalt des Doktorgrades „Doctor of Philosophy (Ph.D.)" erfolgen. Der Grad „Doctor of Philosophy" kann auch in Form der Abkürzung „Dr." ohne fachlichen Zusatz geführt werden. Eine gleichzeitige Führung der Abkürzungen „Ph.D." und „Dr." ist unzulässig. Näheres regelt die Promotionsordnung, die das nach der Grundordnung zuständige Organ des Fachbereichs erlässt und die der Genehmigung der Präsidentin oder des Präsidenten bedarf.

(4) Der Zugang zur Promotion setzt grundsätzlich den erfolgreichen Abschluss eines Hochschulstudiums voraus. Masterabschlüsse, die an Universitäten und gleichgestellten Hochschulen oder an Fachhochschulen erworben wurden, berechtigen grundsätzlich zur Promotion. Wer den Masterabschluss an einer Fachhochschule erworben hat, unterliegt den gleichen Zugangsvoraussetzungen zur Promotion wie die Absolventinnen und Absolventen mit Masterabschluss einer Universität. Inhaberinnen und Inhaber eines Bachelorgrades können auch ohne Erwerb eines weiteren Grades im Wege eines Eignungsfeststellungsverfahrens unmittelbar zur Promotion zugelassen werden.

(5) In die Promotionsordnungen der Universitäten sind nach Anhörung der kooperierenden Fachhochschulen Bestimmungen über ein kooperatives Verfahren zwischen der Universität und den Fachhochschulen aufzunehmen. Der Erwerb eines universitären Abschlusses darf nicht zur Voraussetzung für eine Zulassung zum Promotionsverfahren gemacht werden. Die Dissertation soll von einer Hochschullehrerin oder einem Hochschullehrer einer Universität und einer Professorin oder einem Professor einer Fachhochschule betreut werden. Professorinnen oder Professoren von Fachhochschulen sollen zu Gutachterinnen und Gutachtern und Prüferinnen und Prüfern in Promotionsverfahren nach Satz 1 bestellt werden.

(6) Wer zur Promotion zugelassen wird, erhält von der Hochschule eine schriftliche Bestätigung über den Zeitpunkt des Promotionsbeginns nach Maßgabe der Promotionsordnung. Promovierende werden als Promotionsstudierende an der Hochschule immatrikuliert, sofern sie nicht in einem hauptberuflichen Beschäftigungsverhältnis an der Hochschule stehen oder wegen einer Berufstätigkeit außerhalb der Hochschule oder aus anderen Gründen auf die Einschreibung verzichten. In kooperativen Promotionsverfahren zwischen Universitäten und Fachhochschulen können die Promovierenden an der Fachhochschule eingeschrieben werden, wenn sie nicht an der Universität eingeschrieben sind.

(7) Die Promotionsordnung ist vor dem Inkrafttreten der für die Hochschulen zuständigen obersten Landesbehörde anzuzeigen. Ist die Promotion als Studiengang strukturiert, so bedarf dessen Einrichtung, Änderung und Aufhebung der Genehmigung der für die Hochschulen zuständigen obersten Landesbehörde.

(8) Rechte und Pflichten der Promovierenden, der jeweiligen wissenschaftlichen Betreuer sowie der Fachbereiche sind in Promotionsvereinbarungen zu regeln. Näheres bestimmen die Hochschulen durch Satzung. Zur Unterstützung von Aufnahme, Durchführung und erfolgreichem Abschluss von Promotionsvorhaben können an den Universitäten fächerübergreifende Graduiertenzentren geschaffen werden. Ihr Angebot soll allen Promovierenden zur Verfügung stehen.

(9) Die Promovierenden einer Hochschule mit Promotionsrecht wählen eine Vertretung, die in den die Promovierenden betreffenden Angelegenheiten von den Organen und Gremien der Hochschule anzuhören ist. Die Vertretung hat gegenüber den Organen und Gremien der Hochschule ein Initiativrecht, mit dem sie die Befassung der Orga-

ne und Gremien mit Angelegenheiten der Promovierenden der Hochschule verlangen kann. Das Nähere zur Wahl der Vertretung, zum Verfahren der Anhörung und zum Verfahren und den Anforderungen bei der Wahrnehmung des Initiativrechts regeln die Hochschulen durch Satzung. Auf die Promovierenden an einem Promotionskolleg der Fachhochschulen finden die Vorschriften dieses Absatzes mit der Maßgabe Anwendung, dass die Promovierenden eine eigene Vertretung an dem Promotionskolleg wählen, die die Belange der Promovierenden gegenüber den das Promotionskolleg tragenden Fachhochschulen vertritt.

§ 33 BbgHG-E (Promotionskolleg der Fachhochschulen; Verordnungsermächtigung)

(1) Das für die Hochschulen zuständige Mitglied der Landesregierung kann einer gemeinsamen wissenschaftlichen Einrichtung der Fachhochschulen zur Durchführung von Promotionen (Promotionskolleg) oder fachlich abgrenzbaren Teilen dieser Einrichtung auf Antrag der Fachhochschulen das Promotionsrecht verleihen. Die Errichtung des Promotionskollegs erfolgt durch eine Kooperationsvereinbarung der Fachhochschulen. Nach Maßgabe der Kooperationsvereinbarung können Hochschullehrerinnen und Hochschullehrer der Universitäten und der vom Land staatlich anerkannten Hochschulen an der Durchführung von Promotionen an dem Promotionskolleg mitwirken.

(2) Voraussetzung für die Verleihung des Promotionsrechts ist, dass
   1. die dem Promotionskolleg zugeordneten Professorinnen und Professoren, soweit die Verleihung des Promotionsrechts beantragt wird, besondere Leistungen in der anwendungsbezogenen Forschung erbringen und eine angemessene Forschungsstärke nachweisen,
   2. ihrer Anzahl nach eine hinreichend breite Vertretung des Fachs gewährleisten und
   3. die Promotionsverfahren eine Gleichwertigkeit mit Promotionsverfahren an den Universitäten erwarten lassen.

   Der erstmaligen Verleihung des Promotionsrechts und jeder Bestätigung der Verleihung geht eine Begutachtung voraus, in der das Vorliegen der Voraussetzungen nach Satz 1 geprüft wird. Die Begutachtung erfolgt durch eine von der für die Hochschulen zuständigen obersten Landesbehörde bestimmten geeigneten sachverständigen Einrichtung oder Gutachtergruppe aus mindestens fünf externen Wissenschaftlerinnen und Wissenschaftlern. Die Verleihung des Promotionsrechts und jede die Verleihung bestätigende Verlängerung erfolgt für längstens acht Jahre. Die Verleihung ist zu widerrufen, wenn die Voraussetzungen des Satzes 1 nicht mehr erfüllt sind und auch unter Auflagen nicht binnen eines Jahres wiederhergestellt werden können.

(3) Die Fachhochschulen errichten das Promotionskolleg durch eine Kooperationsvereinbarung, die insbesondere Regelungen triff

1. zu den Aufgaben und Zielen des Promotionskollegs,
2. zu seiner Struktur, Organisation und Leitung,
3. zum Verfahren der Zuordnung von Hochschullehrerinnen und Hochschullehrern zum Promotionskolleg,
4. zu den Leistungskriterien, die dieser Zuordnung zugrunde liegen,
5. zur Zulassung der Zugangsberechtigten nach § 32 Absatz 4 zum Promotionskolleg,
6. zur Qualitätssicherung der Promotionsverfahren,
7. zur Zusammenarbeit mit den Universitäten und
8. zur Finanzierung des Promotionskollegs.

Die Brandenburgische Technische Universität Cottbus-Senftenberg kann sich an der Kooperationsvereinbarung beteiligen, um ausschließlich zur Mitwirkung an kooperativen Promotionsverfahren berechtigte Professorinnen und Professoren für anwendungsbezogene Studiengänge dem Promotionskolleg zuordnen zu können. Die Kooperationsvereinbarung bedarf der Genehmigung der für die Hochschulen zuständigen obersten Landesbehörde.

(4) Das für die Hochschulen zuständige Mitglied der Landesregierung kann Näheres zu den Voraussetzungen und zur Feststellung der Voraussetzungen für die Verleihung des Promotionsrechts sowie zum Verfahren nach Absatz 2 und im Einvernehmen mit den Fachhochschulen zur Rechtsform, Organisation und Struktur des Promotionskollegs durch Rechtsverordnung bestimmen.

§ 6 Abs. 5 GWHL (Hauptberufliches wissenschaftliches und künstlerisches Personal)

(5) Professorinnen und Professoren für anwendungsbezogene Studiengänge im Sinne des § 39 Absatz 3 Satz 2 des Brandenburgischen Hochschulgesetzes, die über die Einstellungsvoraussetzungen nach § 39 Absatz 1 Nummer 4 Buchstabe a oder a und b des Brandenburgischen Hochschulgesetzes verfügen, können Dissertationen betreuen, wenn das Vorliegen der Einstellungsvoraussetzungen in einem Berufungsverfahren nachgewiesen wurde. Für die übrigen Professorinnen und Professoren, die bis zum 30. Juni 2013 an der Hochschule Lausitz (FH) tätig waren, gilt § 29 Absatz 6 Satz 3 und 4 des Brandenburgischen Hochschulgesetzes entsprechend, es sei denn, dass ihnen nach Absatz 2 dauerhaft die Funktion einer Professorin oder eines Professors für andere als anwendungsbezogene Studiengänge im Sinne des § 39 Absatz 3 Satz 2 des Brandenburgischen Hochschulgesetzes übertragen wurde. Satz 1 gilt für die Mitwirkung an Habilitationsverfahren entsprechend

Berufung von Hochschullehrerinnen und Hochschullehrern; Verordnungsermächtigung

§ 40 Abs 2. BbgHG (2014)	§ 42 Abs. 2 BbgHG-E
(2) Zur Vorbereitung von Berufungsvorschlägen werden Berufungskommissionen gebildet. Die Mitglieder der Berufungskommission werden vom zuständigen Organ des Fachbereichs gewählt mit Ausnahme eines stimmberechtigten Mitglieds, das die Präsidentin oder der Präsident bestimmt. Die Wahl der Mitglieder der Berufungskommission durch das zuständige Organ des Fachbereichs erfolgt nach Gruppen getrennt, mit Ausnahme derjenigen Mitglieder, die sich keiner Gruppe zuordnen lassen. Ein Mitglied der Gruppe der Hochschullehrerinnen und Hochschullehrer kann einem anderen Fachbereich angehören. Die Gruppe der Akademischen Mitarbeiterinnen und Mitarbeiter sowie die Gruppe der Studierenden stellen jeweils mindestens ein Mitglied. In Fachbereichen an Fachhochschulen mit weniger als drei Akademischen Mitarbeiterinnen und Mitarbeitern kann in Ausnahmefällen anstelle der Akademischen Mitarbeiterin oder des Mitarbeiters nach Satz 5 ein Mitglied der	(2) Zur Vorbereitung von Berufungsvorschlägen werden Berufungskommissionen gebildet. Die Mitglieder der Berufungskommission werden vom zuständigen Organ des Fachbereichs gewählt, mit Ausnahme eines stimmberechtigten Mitglieds, das die Präsidentin oder der Präsident bestimmt und innerhalb der Berufungskommission keiner Gruppe zugerechnet wird. Die Wahl der Mitglieder der Berufungskommission durch das zuständige Organ des Fachbereichs erfolgt nach Gruppen getrennt, mit Ausnahme derjenigen Mitglieder, die sich keiner Gruppe zuordnen lassen. Ein Mitglied der Gruppe der Hochschullehrerinnen und Hochschullehrer kann einem anderen Fachbereich angehören. Die Gruppe der Akademischen Beschäftigten sowie die Gruppe der Studierenden stellen jeweils mindestens ein Mitglied. In Fachbereichen an Fachhochschulen mit weniger als drei Akademischen Beschäftigten kann in Ausnahmefällen anstelle der Akademischen Beschäftigten nach Satz 5 ein Mitglied der

Gruppe der sonstigen Mitarbeiterinnen und Mitarbeiter bei entsprechender wissenschaftlicher Qualifikation, Funktion, Verantwortung und Betroffenheit stimmberechtigtes Mitglied der Berufungskommission sein. Den vom zuständigen Organ des Fachbereichs gewählten Vorsitz führt eine Hochschullehrerin oder ein Hochschullehrer der Hochschule. Für das Stimmgewicht der Hochschullehrerinnen und Hochschullehrer gilt § 61 Absatz 1 Satz 5 und 7 entsprechend. Den Berufungskommissionen sollen hochschulexterne sachverständige Personen angehören. Mindestens 40 Prozent der stimmberechtigten Mitglieder sollen Frauen sein, darunter mindestens eine Hochschullehrerin. Bei der Besetzung von Stellen für Professorinnen und Professoren mit der Qualifikation gemäß § 41 Absatz 1 Nummer 4 Buchstabe a oder Buchstabe b soll die Mehrheit der Professorinnen und Professoren in der Berufungskommission die entsprechende Qualifikation besitzen.	Gruppe der sonstigen Mitarbeiterinnen und Mitarbeiter bei entsprechender wissenschaftlicher Qualifikation, Funktion, Verantwortung und Betroffenheit stimmberechtigtes Mitglied der Berufungskommission sein. Den vom zuständigen Organ des Fachbereichs gewählten Vorsitz führt eine Hochschullehrerin oder ein Hochschullehrer der Hochschule. Für das Stimmgewicht der Hochschullehrerinnen und Hochschullehrer gilt § 67 Absatz 1 Satz 6 und 8 entsprechend. Den Berufungskommissionen sollen hochschulexterne sachverständige Personen angehören. Mindestens 40 Prozent der stimmberechtigten Mitglieder sollen Frauen sein, darunter mindestens eine Hochschullehrerin. Bei der Besetzung von Stellen für Professorinnen und Professoren mit der Qualifikation gemäß § 43 Absatz 1 Satz 1 Nummer 4 Buchstabe a oder b soll die Mehrheit der Professorinnen und Professoren in der Berufungskommission die entsprechende Qualifikation besitzen.

Allgemeine Grundsätze der Mitwirkung

§ 61 Absatz 1. BbgHG (2014)	§ 67 Abs. 1 BbgHG-E
(1) Die Mitwirkung an der Selbstverwaltung der Hochschule ist Recht und Pflicht aller Mitglieder. Art und Umfang der Mitwirkung der einzelnen Mitgliedergruppen und innerhalb der Mitgliedergruppen bestimmen sich nach der Qualifikation, Funktion, Verantwortung und Betroffenheit der Mitglieder. Für die Vertretung in den nach Mitgliedergruppen zusammengesetzten Gremien bilden die Hochschullehrerinnen und Hochschullehrer, die Akademischen Mitarbeiterinnen und Mitarbeiter, die Studierenden einschließlich der Promotionsstudierenden ohne Beschäftigungsverhältnis an der Hochschule und die sonstigen Mitarbeiterinnen und Mitarbeiter je eine Gruppe; alle Mitgliedergruppen müssen vertreten sein und wirken nach Maßgabe des Satzes 2 grundsätzlich stimmberechtigt an Entscheidungen mit. Abweichend von Satz 3 ist das Fehlen studentischer Mitglieder in einem in der Grundordnung für den Fachbereich vorgesehenen Organ unerheblich, soweit sich Studierende bei den Wahlen zu diesem Organ auch in einem zwei-	(1) Die Mitwirkung an der Selbstverwaltung und der Erfüllung der Aufgaben der Hochschule nach Maßgabe dieses Gesetzes und der Grundordnung ist Recht und Pflicht aller Mitglieder. Die Mitglieder der Hochschule sind verpflichtet, sich so zu verhalten, dass die Hochschule und ihre Organe ihre Aufgaben erfüllen können und kein Mitglied der Hochschule gehindert wird, seine Rechte und Pflichten an der Hochschule wahrzunehmen. Art und Umfang der Mitwirkung der einzelnen Mitgliedergruppen und innerhalb der Mitgliedergruppen bestimmen sich nach der Qualifikation, Funktion, Verantwortung und Betroffenheit der Mitglieder. Für die Vertretung in den nach Mitgliedergruppen zusammengesetzten Gremien bilden die Hochschullehrerinnen und Hochschullehrer, die Akademischen Beschäftigten, die Studierenden einschließlich der Promotionsstudierenden ohne Beschäftigungsverhältnis an der Hochschule und die sonstigen Mitarbeiterinnen und Mitarbeiter je eine Gruppe; alle Mitgliedergruppen müssen vertreten sein

ten Wahldurchgang nicht zur Wahl gestellt haben. In nach Mitgliedergruppen zusammengesetzten Entscheidungsgremien verfügen die Hochschullehrerinnen und Hochschullehrer bei der Entscheidung in Angelegenheiten, die die Lehre mit Ausnahme der Bewertung der Lehre betreffen, mindestens über die Hälfte der Stimmen, in Angelegenheiten, die die Forschung, künstlerische Entwicklungsvorhaben oder die Berufung von Juniorprofessorinnen und Juniorprofessoren unmittelbar betreffen, über die Mehrheit der Stimmen. Die Studierenden verfügen in Angelegenheiten der Studienorganisation und Lehre über einen Stimmenanteil von mindestens 30 Prozent. In Angelegenheiten, die die Entscheidung über Habilitationen, die Berufung von Professorinnen und Professoren oder die Bewährung von Juniorprofessorinnen und Juniorprofessoren als Hochschullehrerinnen und Hochschullehrer unmittelbar betreffen, verfügen Professorinnen und Professoren und Juniorprofessorinnen und Juniorprofessoren, welche sich nach § 46 Absatz 1 Satz 2 und Absatz 2 bewährt haben, über die Mehrheit der Stimmen.

und wirken nach Maßgabe des Satzes 2 grundsätzlich stimmberechtigt an Entscheidungen mit. Abweichend von Satz 3 ist das Fehlen studentischer Mitglieder in einem in der Grundordnung für den Fachbereich vorgesehenen Organ unerheblich, soweit sich Studierende bei den Wahlen zu diesem Organ auch in einem zweiten Wahldurchgang nicht zur Wahl gestellt haben. In nach Mitgliedergruppen zusammengesetzten Entscheidungsgremien verfügen die Hochschullehrerinnen und Hochschullehrer bei der Entscheidung in Angelegenheiten, die unmittelbar die Lehre mit Ausnahme der Bewertung der Lehre betreffen, mindestens über die Hälfte der Stimmen, in Angelegenheiten, die die Forschung, künstlerische Entwicklungsvorhaben oder die Berufung von Juniorprofessorinnen und Juniorprofessoren unmittelbar betreffen, über die Mehrheit der Stimmen. Die Studierenden verfügen in Angelegenheiten, die unmittelbar Studienorganisation und Lehre betreffen, über einen Stimmenanteil von mindestens 30 Prozent. In Angelegenheiten, die die Entscheidung über Habilitationen, die Berufung von Professorinnen und Professoren oder die Be-

	währung von Juniorprofessorinnen und Juniorprofessoren als Hochschullehrerinnen und Hochschullehrer unmittelbar betreffen, verfügen Professorinnen und Professoren und Juniorprofessorinnen und Juniorprofessoren, welche sich nach § 48 Absatz 1 Satz 2 und Absatz 2 bewährt haben, über die Mehrheit der Stimmen.

Präsentation

Qualifikationsentscheidungen bei Professuren – Schutz der Grundrechte

Prof. Dr. Klaus Herrmann,
Hochschulsymposium 17.02.2023

b-tu Brandenburgische Technische Universität Cottbus - Senftenberg

Potsdam · Campus Jungfernsee
Konrad-Zuse-Ring 12A · 14469 Potsdam

Düsseldorf · Design Offices Fürst & Friedrich
Fürstenwall 172 · 40217 Düsseldorf

www.dombert.de

DOMBERT
RECHTSANWÄLTE

Frankfurter Allgemeine 13.06.2022 - Aktualisiert: 16.06.2022, 08:57 Uhr https://www.faz.net/-in9-arz07

Tenure Track

Die Debatte um akademische Karrierewege wird falsch geführt

In der Debatte zum akademischen Mittelbau wird Wolkenschieberei betrieben. Das Mittel zur Reform ist längst gefunden und wird von den Hochschulen zunehmend praktiziert. Ein Gastbeitrag.

Von PETER-ANDRÉ ALT

17.02.2023 · Prof. Dr. Klaus Herrmann · Qualifikationsentscheidungen bei Professuren 2 © DOMBERT Rechtsanwälte

DOMBERT
RECHTSANWÄLTE

Bewertung wissenschaftlicher Leistungen bei

- Berufung auf eine Professur/Juniorprofessur
- Bewährung bei Juniorprofessur
- Zwischenevaluation und Abschlussevaluation bei TT-Prof.
- Professur auf Probe, Verstetigung/Verlängerung von befristeten Professuren
- Übertragung höherwertiger Professuren
- Zugangsvorbehalt für Gremienmitwirkung
- Ausstattung v. Professuren und Einrichtungen
- Gewährung v. Leistungsbezügen, z.B. wg. bes. Leistungen

17.02.2023 · Prof. Dr. Klaus Herrmann · Qualifikationsentscheidungen bei Professuren 3 © DOMBERT Rechtsanwälte

Grundrechte

DOMBERT
RECHTSANWÄLTE

- Hochschule, Fakultäten: Art. 5 Abs. 3 GG – Freiheit für Verfahren zur Bewertung von Leistungen in Forschung und Lehre, Beteiligung von Wissenschaftlern bei Aufstellung von Kriterien, bei Leistungsbewertung, bei Einstellung, vorrangige Einschätzung wissenschaftliche Eignung
- Wissenschaftler:

  (1) Art. 5 Abs. 3 GG – Leistungsbewertung zulässig, aber Gebot fachkundiger Leistungsbewertung, v.a. bei zusätzl. wiss. Leistungen (Habilitation);

  (2) Art. 33 Abs. 2 GG – Verbot leistungsfremder Erwägungen; Art. 3 Abs.1 GG: Chancengleichheit;

  (3) Art. 19 Abs. 4 GG – Vorwirkung auf Verwaltungsverfahren (Dokumentation)
- Studierende: Art. 12 Abs. 1 GG – Berufswahl, Qualitätssicherung der akademischen Ausbildung

17.02.2023 · Prof. Dr. Klaus Herrmann · Qualifikationsentscheidungen bei Professuren 4 © DOMBERT Rechtsanwälte

DOMBERT
RECHTSANWÄLTE

Evaluierung und Wissenschaftsfreiheit

- Regelungspflicht d. Gesetzgeber für Bewertungen wissenschaftlicher Leistungen: Grundrechtssphären von Hochschullehrenden, Universität, Studierenden betroffen – zwar nicht Anforderungen selbst, aber wer diese Bewertungen zu treffen hat und wie das Verfahren ausgestaltet ist
- Umsetzung und Ausfüllung durch Hochschule (Satzungsvorbehalt): Evaluationskriterien, Verfahren, Zuständigkeiten – Beteiligung der Wissenschaftler an Festlegung von Bewertungskriterien, Wahrung von Eigengesetzlichkeiten unterschiedlicher Disziplinen
- Gesetzgeber und Hochschulen treffen Beobachtungs- und Aktualisierungspflichten

17.02.2023 · Prof. Dr. Klaus Herrmann · Qualifikationsentscheidungen bei Professuren 5 © DOMBERT Rechtsanwälte

DOMBERT
RECHTSANWÄLTE

Junior- / Qualifikationsprofessur / Tenure-Track

unterschiedliche (bei TT keine) Ausgestaltung der Prüfung von Einstellungsvoraussetzungen nach § 41 Abs. 1 BbgHG, § 43 Abs. 1 BbgHG-E, unklarer Anlass „ausschließlich im Berufungsverfahren“

bei Bewährungsfeststellung (derzeit keine) Beschränkung der Mitwirkung auf Personen mit Befähigung nach Nr. 4 Buchst. a) bzw. b)

Prüfungsrechtliches Überdenken?

Umsetzung Tenure-Track unverbindlich und unattraktiv

17.02.2023 · Prof. Dr. Klaus Herrmann · Qualifikationsentscheidungen bei Professuren 6 © DOMBERT Rechtsanwälte

DOMBERT
RECHTSANWÄLTE

Verlängerung u. Entfristung v. Professuren

ggü. Anspruch auf Entscheidung aus Art. 33 Abs. 5 GG bleiben Anlass und Umfang der Qualifikationsprüfung unklar

Verfahren (Mitwirkungsbefugnisse!) nicht ausgestaltet – Mitwirkung der Gremien, Bindungswirkung?

Zeitpunkt für Aufstellung von Kriterien? Sensibilität für Regel-Ausnahme-Verhältnis?

17.02.2023 · Prof. Dr. Klaus Herrmann · Qualifikationsentscheidungen bei Professuren 7 © DOMBERT Rechtsanwälte

DOMBERT
RECHTSANWÄLTE

Gremienmitwirkung

für Mitwirkung als Gutachter*in / Prüfer*in sind besondere wissenschaftliche Leistungen notwendig - § 33 BbgHG-E erkennt das an (ebs. § 6 Abs. 5 GWHL)

in § 32 BbgHG-E findet sich dazu kein Wort – autonome Entscheidung der Hochschule über Zulassung als Prüfer/Gutachter (Kernbereich der Selbstverwaltung) muss durch gesetzliche Regelung geschützt werden (wer entscheidet)

17.02.2023 · Prof. Dr. Klaus Herrmann · Qualifikationsentscheidungen bei Professuren 8 © DOMBERT Rechtsanwälte

DOMBERT
RECHTSANWÄLTE

Evaluation für Ausstattung v. Professuren

- Satzungsermächtigung wurde in vergleichbaren Fällen als ausreichend angesehen (OVG Bautzen, VGH Mannheim)
- Hochschule hat Autonomie, selbst Verfahren und Kriterien wissenschaftsadäquat auszugestalten (v.a. Beteiligung der Wissenschaftler bei Aufstellung der Kriterien)
- hierfür und für „Übersetzung" bzw. Berücksichtigung in einer Ausstattungsentscheidung unterliegt die Hochschule wieder der Grundrechtsbindung

17.02.2023 · Prof. Dr. Klaus Herrmann · Qualifikationsentscheidungen bei Professuren 9 © DOMBERT Rechtsanwälte

DOMBERT
RECHTSANWÄLTE

Leistungsbewertung bei Leistungsbezügen

- bei alimentationsersetzenden Leistungsbezügen ist einklagbarer Anspruch nötig (BVerfG 2012), wenn Grundgehalt amtsangemessene Alimentation sicherstellt, genügt Bescheidungsanspruch
- Anforderung an wissenschaftsadäquate Ausgestaltung von Zuständigkeit und Verfahren: LBesG, HLeistBV, Satzung der Hochschule, Rückgriff auf Evaluation – lt Rechtsprechung (OVG Magdeburg 2022) keine Bedenken
- fachkundige Leistungsbewertung im Einzelfall durch Vorschlagsrecht des Dekans abgesichert (?)

17.02.2023 · Prof. Dr. Klaus Herrmann · Qualifikationsentscheidungen bei Professuren 10 © DOMBERT Rechtsanwälte

DOMBERT
RECHTSANWÄLTE

Fazit

- Bewertung wissenschaftlicher Leistungen im Rahmen allgemeiner (anlassunabhängiger) Evaluationen begegnet kaum noch Bedenken, vorhandene Regelungen erscheinen ausreichend
- hingegen sind Leistungsbewertungen im Rahmen von Qualifikationsentscheidungen beim Nachwuchs auf Professuren hinsichtlich der Kriterien, Zuständigkeiten und Verfahren noch differenzierter zu betrachten und durch wissenschaftsadäquate Regelungen auszugestalten
- dann kann auch Qualifizierung für lebenszeitigen Professuren als vorhersehbarer Karriereweg attraktiv erscheinen

17.02.2023 · Prof. Dr. Klaus Herrmann · Qualifikationsentscheidungen bei Professuren 11 © DOMBERT Rechtsanwälte

Herausgeber- und Autorenverzeichnis

Alfred Funk, (ehemaliger) Kanzler der BTU Cottbus-Senftenberg sowie (Mit-)Direktor im Zentrum für Rechts- und Verwaltungswissenschaften (bis jeweils 30.04.2023)

Prof. Dr. Klaus Herrmann, Rechtsanwalt und Fachanwalt für Verwaltungsrecht, DOMBERT Rechtsanwälte, Potsdam

Prof. Dr. Winfried Kluth, Lehrstuhl für Öffentliches Recht, Martin-Luther-Universität Halle-Wittenberg und Richter am Landesverfassungsgericht Sachsen-Anhalt a.D.

Prof. Dr. Dr. h.c. Lothar Knopp, Geschäftsführender Direktor des Zentrums für Rechts- und Verwaltungswissenschaften (ZfRV) an der BTU Cottbus-Senftenberg mit den Fachgebieten Staatsrecht, Verwaltungsrecht und Umweltrecht, mit einem Schwerpunkt Hochschulrecht

Dr. Jan Hauke Plaßmann, Leiter des Referats 23 (Wissenschaftliche Karriereförderung, Studentische Angelegenheiten, Studentenwerke, Ausbildungsförderung, Bibliotheken), Ministerium für Wissenschaft, Forschung und Kultur des Landes Brandenburg

Fotodokumentation

Prof. Gesine Grande (Präsidentin BTU Cottbus-Senftenberg)

Prof. Winfried Kluth

Prof. Gesine Grande, Alfred Funk und Prof. Winfried Kluth

Prof. Lothar Knopp

Prof. Klaus Herrmann

Alfred Funk

Dr. Jan Hauke Plaßmann

Prof. Eike Albrecht (ZfRV)

Für die Fotodokumentation des Symposiums danken wir

Dietmar Schörnig

FSC
www.fsc.org
MIX
Papier | Fördert gute Waldnutzung
FSC® C083411

Kolibri 360 GmbH
Ferdinand-Jühlke-Straße 7
99095 Erfurt, Deutschland
produktsicherheit@kolibri360.de